Sabores do Mediterráneo

Descubre a Riqueza da Cociña Mediterránea

Sofia Martinez

táboa de contidos

robaliza nun peto..9

Pasta cremosa de salmón afumado 11

Polo grego de cociña lenta 13

xiro de polo 15

Cassoulet de polo á cociña lenta 17

Pavo asado estilo grego 20

Polo ao allo con cuscús 22

polo karahi 24

Pollo Cacciatore con Orzo 26

Daube provenzal de cocción lenta 28

Osso Bucco 30

Carne Bourguignon de cocción lenta 32

Carne balsámica 35

Carne asada 37

Arroz e embutido mediterráneo 39

Albóndigas españolas 40

Filetes de coliflor con salsa de oliva e cítricos 42

Pasta con pesto de pistacho e menta 44

Salsa de tomate cherry con pasta de cabelo de anxo 46

Tofu ao forno con tomates secos e alcachofas 48

Tempeh mediterráneo ao forno con tomate e allo 50

Cogomelos Portobello asados con col rizada e cebola vermella 53

Calabacín recheo de ricota, albahaca e pistacho 57

Farro con tomates asados e cogomelos 59

Orzo ao forno con berenxenas, acelgas e mozzarella 62
Risotto de cebada con tomate 64
Garbanzos e col rizada con salsa picante pomodoro 66
Feta asada con iogur de col e limón 68
Berenjenas asadas e garavanzos con salsa de tomate 70
Deslizadores de Falafel ao forno 72
Portobello Caprese 74
Tomates recheos de cogomelos e queixo 76
Tabular 78
Rabe de brócoli picante e corazóns de alcachofa 80
Shakshuka 82
spanakopita 84
taxina 86
Pistachos cítricos e espárragos 88
Berenjenas recheas de tomate e perexil 90
ratatouille 92
Gemista 94
rolos de repolo recheo 96
Coles de Bruxelas con glaseado balsámico 98
Ensalada de espinacas con vinagreta de cítricos 100
Ensalada sinxela de apio e laranxa 101
Rolos de berinjela fritida 103
Bol de verduras á prancha e arroz integral 105
Hash de coliflor con cenoria 107
Cubos de cabaciño con allo e menta 108
Bol de cabaciño e alcachofa con faro 109
5 Ingredientes Buñuelos de Calabacín 111

Tagine marroquí con verduras	113
Envolturas de garavanzos e leituga con apio	115
Brochetas de verduras á prancha	116
Cogomelos Portobello recheos con tomate	118
Follas de dente de león marchitas con cebola doce	120
Apio e mostaza	121
Revolto de vexetais e tofu	122
zoodles sinxelos	124
Wraps de lentellas e brotes de tomate	125
Bol de verduras mediterránea	127
Verduras asadas e envoltura de hummus	129
Xudías Verdes Españolas	131
Hash rústico de coliflor e cenoria	132
Coliflor e tomate asados	133
Cabaza de landra asada	135
Espinacas Salteadas Con Allo	137
Calabacín de allo salteado con menta	138
okra guisada	139
Pementos recheos de vexetais doces	140
Moussaka de berinjela	142
Follas de vide recheas de verduras	144
Rolos de berinjela á prancha	146
Buñuelos de calabacín crocantes	148
Bolos de queixo de espinacas	150
bocados de pepino	152
salsa de iogur	153
espeto de tomate	154

Tomates recheos de aceitunas e queixo 156

tapenade de pementa 157

falafel de cilantro 158

hummus de pementa vermella 160

Dip de feixón branco 161

Hummus con cordeiro moído 162

salsa de berenxenas 163

buñuelos de verduras 164

Albóndigas de cordeiro Bulgur 166

bocados de pepino 168

Aguacate recheo 169

ameixas envoltas 170

Feta marinada e alcachofas 171

Croquetas de atún 173

Crudités de salmón afumado 176

Aceitunas Marinadas Cítricas 177

Tapenade de olivas con anchoas 178

Ovos de Diablo grego 180

Galletas manchegas 182

Burrata Caprese Stack 184

Buñuelos de calabacín e ricotta con alioli de limón e allo 186

Pepinos recheos de salmón 188

Paté de queixo de cabra e cabala 190

Sabor a bombas de graxa mediterráneas 192

Gazpacho de aguacate 193

Cuncas de leituga de torta de cangrexo 195

Wrap de ensalada de polo e laranxa de estragón 197

Cogomelos recheos de queixo feta e quinoa 199
Falafel de cinco ingredientes con salsa de allo e iogur 201
Camarones ao limón con aceite de oliva ao allo 203
Patacas fritas de feixón verde crocante con salsa de iogur de limón 205
Chips de pita de sal do mar caseiros 207
Dip de Spanakopita ao forno 208
Dip de cebola perla asada 210
tapenade de pementa vermella 212
Pel de pataca grega con olivas e queixo feta 214
Pan plano de pita de alcachofa e oliva 216

robaliza nun peto

Tempo de preparación: 10 minutos.

Tempo de cociñar: 25 minutos

Porcións: 4

Nivel de dificultade: medio

Ingredientes:

- 4 filetes de robaliza
- 4 dentes de allo cortados en rodajas
- 1 tallo de apio cortado
- 1 calabacín en rodajas
- 1 C. tomates cherry cortados pola metade
- 1 chalota, cortada en rodajas
- 1 cucharadita de orégano seco
- Sal e pementa

Enderezos:

Combina o allo, o apio, o cabaciño, os tomates, o chalote e o ourego nun bol. Engade sal e pementa ao gusto. Colle 4 follas de papel vexetal e colócaas na superficie de traballo. Coloca a mestura de vexetais no centro de cada folla.

Arriba cun filete de peixe e despois envolve ben o papel para que pareza un peto. Coloque o peixe envolto nunha tixola e cociña no forno precalentado a 350 F / 176 C durante 15 minutos. Servir o peixe quente e fresco.

Nutrición (por 100 g): 149 Calorías 2,8 g Graxa 5,2 g Carbohidratos 25,2 g Proteína 696 mg Sodio

Pasta cremosa de salmón afumado

Tempo de preparación: 5 minutos.

Tempo de cociñar: 35 minutos

Porcións: 4

Nivel de dificultade: medio

Ingredientes:

- 2 culleradas de aceite de oliva
- 2 dentes de allo picados
- 1 chalota picada
- 4 onzas. ou 113 g de salmón afumado picado
- 1 C. chícharos verdes
- 1 C. crema espesa
- Sal e pementa
- 1 pitada de flocos de chile
- 8 oz. ou 230 g de pasta penne
- 6c. auga

Enderezos:

Poña a tixola a lume medio-alto e engade aceite. Engadir o allo e a chalota. Cociña durante 5 minutos ou ata que estea suave. Engade os chícharos, sal, pementa e pementa. Cociña durante 10 minutos.

Engade o salmón e continúa a cociñar durante 5-7 minutos máis. Engade nata espesa, reduce o lume e cociña durante 5 minutos máis.

Mentres tanto, coloque unha cazola con auga e sal a gusto a lume forte en canto ferva, engade a pasta de penne e cociña durante 8-10 minutos ou ata que estea amolecida. Escorrer a pasta, engadir á salsa de salmón e servir.

Nutrición (por 100 g): 393 Calorías 20,8 g Graxa 38 g Carbohidratos 3 g Proteína 836 mg Sodio

Polo grego de cociña lenta

Tempo de preparación: 20 minutos.

Tempo de cocción: 3 horas.

Porcións: 4

Nivel de dificultade: medio

Ingredientes:

- 1 cullerada de aceite de oliva virxe extra
- 2 libras de peitugas de polo sen ósos
- ½ cucharadita de sal kosher
- ¼ cucharadita de pementa negra
- 1 frasco (12 onzas) de pementos vermellos asados
- 1 cunca de aceitunas Kalamata
- 1 cebola vermella mediana, cortada en anacos
- 3 culleradas de vinagre de viño tinto
- 1 cucharada de allo picado
- 1 cucharadita de mel
- 1 cucharadita de orégano seco
- 1 cucharadita de tomiño seco
- ½ cunca de queixo feta (opcional, para servir)
- Herbas frescas picadas: calquera mestura de albahaca, perexil ou tomiño (opcional, para servir)

Enderezos:

Cubra a cocción lenta con aceite de oliva ou spray de cociña. Cociña o aceite de oliva nunha tixola grande. Sazonar os dous lados das peitugas de polo. Unha vez que o aceite estea quente, engadimos as peitugas de polo e douramos polos dous lados (uns 3 minutos).

Unha vez cocido, pásase á cociña lenta. Engade pementos vermellos, olivas e cebola vermella ás peitugas de polo. Tenta colocar as verduras arredor do polo e non directamente encima.

Nunha tigela pequena, mestura o vinagre, o allo, o mel, o ourego e o tomiño. Unha vez combinado, botalo sobre o polo. Cociña o polo a lume lento durante 3 horas ou ata que xa non estea rosado polo medio. Servir con feta desmenuzada e herbas frescas.

Nutrición (por 100 g): 399 Calorías 17 g Grasa 12 g Carbohidratos 50 g Proteína 793 mg Sodio

xiro de polo

Tempo de preparación: 10 minutos.

Tempo de cocción: 4 horas.

Porcións: 4

Nivel de dificultade: medio

Ingredientes:

- 2 libras. peitugas de polo desossadas ou filetes de polo
- zume dun limón
- 3 dentes de allo
- 2 culleres de té de vinagre de viño tinto
- 2-3 culleradas de aceite de oliva
- ½ cunca de iogur grego
- 2 culleres de té de ourego seco
- 2 a 4 culleres de té de condimento grego
- ½ cebola vermella pequena, picada
- 2 culleradas de eneldo
- salsa tzatziki
- 1 cunca de iogur grego natural
- 1 cucharada de eneldo
- 1 pepino inglés pequeno, picado
- un chisco de sal e pementa
- 1 cucharadita de cebola en po
- <u>Para coberturas:</u>

- Tomates
- pepinos picados
- cebola vermella picada
- queixo feta cortado en dados
- pan de pita desmenuzado

Enderezos:

Corta as peitugas de polo en cubos e colócaas na cociña lenta. Engade o zume de limón, o allo, o vinagre, o aceite de oliva, o iogur grego, o ourego, o temperado grego, a cebola vermella e o endro á cociña lenta e mestura para asegurarte de que todo estea ben combinado.

Cociña a lume lento durante 5-6 horas ou a potencia máxima durante 2-3 horas. Mentres tanto, engade todos os ingredientes para a salsa tzatziki e remove. Cando estea ben mesturado, métese na neveira ata que o polo estea cocido.

Cando o polo remate de cociñar, sírvao con pan de pita e algún ou todos os ingredientes enumerados anteriormente.

Nutrición (por 100 g): 317 Calorías 7,4 g Graxa 36,1 g Carbohidratos 28,6 g Proteína 476 mg Sodio

Cassoulet de polo á cociña lenta

Tempo de preparación: 10 minutos.

Tempo de cociñar: 20 minutos

Porcións: 16

Nivel de dificultade: medio

Ingredientes:

- 1 cunca de feixóns brancos secos, empapados
- 8 coxas de polo sen pel sen ósos
- 1 salchicha polaca, cocida e cortada en anacos pequenos (opcional)
- 1¼ cunca de zume de tomate
- 1 lata (28 onzas) de tomates cortados á metade
- 1 cucharada de salsa Worcestershire
- 1 cucharadita de gránulos instantáneos de caldo de tenreira ou polo
- ½ cucharadita de albahaca seca
- ½ cucharadita de orégano seco
- ½ cucharadita de pementón
- ½ cunca de apio picado
- ½ cunca de cenoria picada
- ½ cunca de cebola picada

Enderezos:

Pincela a cociña lenta con aceite de oliva ou spray de cociña antiadherente. Nunha tigela, combine o zume de tomate, os tomates, a salsa Worcestershire, o caldo de tenreira, a albahaca, o ourego e o pementón. Asegúrese de que os ingredientes estean ben combinados.

Coloque o polo e a salchicha na cociña lenta e cubra coa mestura de zume de tomate. Arriba con apio, cenoria e cebola. Cociña a lume lento durante 10 a 12 horas.

Nutrición (por 100 g): 244 Calorías 7 g Graxas 25 g Hidratos de carbono 21 g

Pollo á Provenza de cociña lenta

Tempo de preparación: 5 minutos.

Tempo de cocción: 8 horas.

Porcións: 4

Nivel de dificultade: fácil

Ingredientes:

- 4 metades de peito de polo desossados e sen pel (6 onzas)
- 2 culleres de té de albahaca seca
- 1 cucharadita de tomiño seco
- 1/8 cucharadita de sal
- 1/8 cucharadita de pementa negra recén moída
- 1 pemento amarelo, cortado en dados
- 1 pemento vermello cortado en cubos
- 1 lata (15,5 onzas) de feixóns cannellini
- 1 lata (14,5 onzas) de tomates bebés con albahaca, allo e ourego, sen escurrir

Enderezos:

Pincela a cociña lenta con aceite de oliva antiadherente. Engade todos os ingredientes á cociña lenta e mestura para combinar. Cociña a lume lento durante 8 horas.

Nutrición (por 100 g): 304 Calorías 4,5 g Graxa 27,3 g Carbohidratos 39,4 g Proteína 639 mg Sodio

Pavo asado estilo grego

Tempo de preparación: 20 minutos.

Tempo de cociñar: 7 horas e 30 minutos

Porcións: 8

Nivel de dificultade: medio

Ingredientes:

- 1 (4 libras) de peituga de pavo desossada, cortada
- ½ cunca de caldo de polo, dividido
- 2 culleres de sopa de zume de limón fresco
- 2 cuncas de cebola picada
- ½ cunca de aceitunas Kalamata sen hueso
- ½ cunca de tomates secos ao sol envasados en aceite, cortados en rodajas finas
- 1 cucharadita de condimento grego
- ½ cucharadita de sal
- ¼ cucharadita de pementa negra recén moída
- 3 culleres de sopa de fariña para todo uso (ou de trigo integral).

Enderezos:

Pincela a cociña lenta con spray de cociña antiadherente ou aceite de oliva. Engade o pavo, ¼ cunca de caldo de polo, o zume de limón, a cebola, as olivas, os tomates secos ao sol, o condimento grego, o sal e a pementa á cociña lenta.

Cociña a lume lento durante 7 horas. Despeje a fariña no resto de ¼ de cunca de caldo de polo, despois mestura suavemente na cociña lenta. Cociña durante 30 minutos máis.

Nutrición (por 100 g): 341 Calorías 19 g Graxa 12 g Carbohidratos 36,4 g Proteínas 639 mg Sodio

Polo ao allo con cuscús

Tempo de preparación: 25 minutos.

Tempo de cocción: 7 horas.

Porcións: 4

Nivel de dificultade: medio

Ingredientes:

- 1 polo enteiro, cortado en anacos
- 1 cullerada de aceite de oliva virxe extra
- 6 dentes de allo, cortados pola metade
- 1 cunca de viño branco seco
- 1 cunca de cuscús
- ½ cucharadita de sal
- ½ cucharadita de pementa
- 1 cebola mediana, cortada en rodajas finas
- 2 culleres de té de tomiño seco
- 1/3 cunca de fariña de trigo integral

Enderezos:

Cociña o aceite de oliva nunha tixola pesada. Cando a tixola estea quente, engade o polo a dourar. Asegúrese de que os anacos de polo non se toquen. Cociña coa pel cara abaixo durante uns 3 minutos ou ata que estea dourada.

Pincela a súa cociña lenta con spray de cociña antiadherente ou aceite de oliva. Poñer a cebola, o allo e o tomiño na cociña lenta e espolvoreo con sal e pementa. Engade o polo encima das cebolas.

Nunha tigela separada, mestura a fariña co viño ata que estea homoxénea e, a continuación, bótase sobre o polo. Cociña a lume lento durante 7 horas ou ata que estea listo. Tamén podes cociñar a lume alto durante 3 horas. Servir o polo sobre o cuscús cocido e botar a salsa por riba.

Nutrición (por 100 g): 440 Calorías 17,5 g Graxa 14 g Carbohidratos 35,8 g Proteína 674 mg Sodio

polo karahi

Tempo de preparación: 5 minutos.

Tempo de cocción: 5 horas.

Porcións: 4

Nivel de dificultade: fácil

Ingredientes:

- 2 libras. peitugas ou coxas de polo
- ¼ cunca de aceite de oliva
- 1 lata pequena de pasta de tomate
- 1 cucharada de manteiga
- 1 cebola grande, cortada en dados
- ½ cunca de iogur grego natural
- ½ cunca de auga
- 2 culleres de sopa de xenxibre en pasta de allo
- 3 culleradas de follas de fenogreco
- 1 cucharadita de cilantro moído
- 1 tomate mediano
- 1 cucharadita de chile vermello
- 2 chiles verdes
- 1 cucharadita de cúrcuma
- 1 cucharada de garam masala
- 1 cucharadita de comiño en po
- 1 cucharadita de sal mariño
- ¼ de cucharadita de noz moscada

Enderezos:

Cepille a cociña lenta con spray de cociña antiadherente. Nunha tigela pequena, mestura ben todas as especias. Mestura o polo na cociña lenta, seguido do resto dos ingredientes, incluída a mestura de especias. Revolver ata que todo estea ben mesturado coas especias.

Cociña a lume baixo durante 4-5 horas. Servir con naan ou pan italiano.

Nutrición (por 100 g): 345 Calorías 9,9 g Graxa 10 g Carbohidratos 53,7 g Proteína 715 mg Sodio

Pollo Cacciatore con Orzo

Tempo de preparación: 20 minutos.

Tempo de cocción: 4 horas.

Porcións: 6

Nivel de dificultade: fácil

Ingredientes:

- 2 libras de coxas de polo sen pel
- 1 cucharada de aceite de oliva
- 1 cunca de cogomelos, cortados en cuartos
- 3 cenorias picadas
- 1 bote pequeno de aceitunas Kalamata
- 2 latas (14 onzas) de tomates cortados en dados
- 1 lata pequena de pasta de tomate
- 1 cunca de viño tinto
- 5 dentes de allo
- 1 cunca de orzo

Enderezos:

Nunha tixola grande, cociña o aceite de oliva. Cando o aceite estea quente, engade a pel do polo cara abaixo e dourada. Asegúrese de que os anacos de polo non se toquen.

Cando o polo estea dourado, engádeo á cociña lenta xunto con todos os ingredientes excepto o orzo. Cociña o polo a lume lento durante 2 horas, despois engade o orzo e cociña durante 2 horas máis. Servir con pan francés crujiente.

Nutrición (por 100 g):424 Calorías 16 g Grasa 10 g Carbohidratos 11 g Proteína 845 mg Sodio

Daube provenzal de cocción lenta

Tempo de preparación: 15 minutos.

Tempo de cocción: 8 horas.

Porcións: 8

Nivel de dificultade: medio

Ingredientes:

- 1 cucharada de aceite de oliva
- 10 dentes de allo picados
- 2 libras de asado sen ósos
- 1½ cucharaditas de sal, divididas
- ½ cucharadita de pementa negra recén moída
- 1 cunca de viño tinto seco
- 2 cuncas de cenorias picadas
- 1½ cuncas de cebola picada
- ½ cunca de caldo de tenreira
- 1 lata (14 onzas) de tomates cortados en dados
- 1 cucharada de pasta de tomate
- 1 cucharadita de romeu fresco picado
- 1 cucharadita de tomiño fresco picado
- ½ cucharadita de ralladura de laranxa
- ½ cucharadita de canela moída
- ¼ de cucharadita de cravo moído
- 1 folla de loureiro

Enderezos:

Prequentar unha tixola e despois engadir o aceite de oliva. Engade o allo e a cebola picados e cociña ata que as cebolas estean brandas e o allo comece a dourarse.

Engade a carne en cubos, sal e pementa e cociña ata que a carne estea dourada. Transferir a carne á cociña lenta. Mestura o caldo de tenreira na tixola e cociña a lume lento durante uns 3 minutos para desglazar a tixola, despois verte na cociña lenta sobre a carne.

Engade o resto dos ingredientes á cociña lenta e mestura ben para combinar. Poñer a cociña lenta a baixo e cociñar durante 8 horas, ou poñer a alta e cociñar durante 4 horas. Servir cun lado de fideos de ovo, arroz ou un pouco de pan italiano crocante.

Nutrición (por 100 g): 547 Calorías 30,5 g Graxa 22 g Carbohidratos 45,2 g Proteína 809 mg Sodio

Osso Bucco

Tempo de preparación: 30 minutos.

Tempo de cocción: 8 horas.

Porcións: 3

Nivel de dificultade: medio

Ingredientes:

- 4 coxas de tenreira ou tenreira
- 1 cucharadita de sal mariño
- ½ cucharadita de pementa negra moída
- 3 culleradas de fariña de trigo integral
- 1-2 culleradas de aceite de oliva
- 2 cebolas medianas, cortadas en dados
- 2 cenorias medianas, cortadas en dados
- 2 tallos de apio, cortados en dados
- 4 dentes de allo, picados
- 1 lata (14 onzas) de tomates cortados en dados
- 2 culleres de té de follas de tomiño seco
- ½ cunca de caldo de carne ou vexetais

Enderezos:

Salpimentar as pernas por ambos os lados, despois mergullarlas na fariña para cubrir. Quenta unha tixola grande a lume alto. Engadir o aceite de oliva. Unha vez que o aceite estea quente, engadir as patas e dourar uniformemente por ambos os lados. Cando estean dourados, trasládase á cociña lenta.

Despeje o caldo na tixola e deixe ferver durante 3-5 minutos mentres mexe para desglazar a pota. Transferir o resto dos ingredientes á cociña lenta e botar por riba o caldo da tixola.

Poñer a cociña lenta ao mínimo e cociña durante 8 horas. Sirva o Osso Bucco sobre quinoa, arroz integral ou mesmo arroz de coliflor.

Nutrición (por 100 g): 589 Calorías 21,3 g Graxa 15 g Carbohidratos 74,7 g Proteína 893 mg Sodio

Carne Bourguignon de cocción lenta

Tempo de preparación: 5 minutos.

Tempo de cocción: 8 horas.

Porcións: 8

Nivel de dificultade: Difícil

Ingredientes:

- 1 cullerada de aceite de oliva virxe extra
- 6 onzas de touciño, picado grosamente
- 3 libras de pechuga de tenreira, cortada, cortada en cubos de 2 polgadas
- 1 cenoria grande, cortada en rodajas
- 1 cebola branca grande, cortada en dados
- 6 dentes de allo, picados e divididos
- ½ cucharadita de sal groso
- ½ cucharadita de pementa recén moída
- 2 culleres de sopa de trigo integral
- 12 cebolas pequenas
- 3 cuncas de viño tinto (Merlot, Pinot Noir ou Chianti)
- 2 cuncas de caldo de carne
- 2 culleradas de pasta de tomate
- 1 cubo de caldo de tenreira, esmagado
- 1 cucharadita de tomiño fresco, finamente picado
- 2 culleradas de perexil fresco
- 2 follas de loureiro

- 2 culleradas de manteiga ou 1 cucharada de aceite de oliva
- 1 libra de cogomelos brancos ou marróns pequenos, cortados en cuartos

Enderezos:

Quenta unha tixola a lume medio-alto, despois engade o aceite de oliva. Cando o aceite quente, cociña o touciño ata que estea crocante e colócao na súa cociña lenta. Garda a graxa do touciño na tixola.

Seca a carne e cociña na mesma tixola coa graxa de touciño ata que todos os lados teñan a mesma cor marrón. Transferir á cociña lenta.

Combina as cebolas e as cenorias na cociña lenta e condimenta con sal e pementa. Mestura para combinar os ingredientes e asegúrate de que todo estea temperado.

Engade o viño tinto á tixola e cociña a lume lento durante 4-5 minutos para desglazar a tixola, despois engade a fariña, mexendo ata que quede suave. Continúa a cociñar ata que o líquido reduza e espese lixeiramente.

Cando o líquido espese, bótao na tixola de cocción lenta e remexe para cubrir todo coa mestura de viño. Engade a pasta de tomate, o cubo de caldo, o tomiño, o perexil, 4 dentes de allo e a folla de loureiro. Establece a olla de cocción lenta ao alto e cociña durante 6 horas, ou a baixa e cociña durante 8 horas.

Ablanda a manteiga ou quenta o aceite de oliva nunha tixola a lume medio. Cando o aceite estea quente, engade os 2 dentes de allo restantes e cociña durante aproximadamente 1 minuto antes de engadir os cogomelos. Cociña os cogomelos ata que estean suaves, despois engádeos á cociña lenta e mestura para combinar.

Servir con puré de patacas, arroz ou fideos.

Nutrición (por 100 g): 672 Calorías 32 g Grasa 15 g Carbohidratos 56 g Proteína 693 mg Sodio

Carne balsámica

Tempo de preparación: 5 minutos.

Tempo de cocción: 8 horas.

Porcións: 10

Nivel de dificultade: medio

Ingredientes:

- 2 libras de asado sen ósos
- 1 cucharada de aceite de oliva
- Fregar
- 1 cucharadita de allo en po
- ½ cucharadita de cebola en po
- 1 cucharadita de sal mariño
- ½ cucharadita de pementa negra recén moída
- Dip
- ½ cunca de vinagre balsámico
- 2 culleradas de mel
- 1 cucharada de mostaza de mel
- 1 cunca de caldo de carne
- 1 cucharada de tapioca, fariña de trigo integral ou amidón de millo (para espesar a salsa ao rematar de cociñar se o desexa)

Enderezos:

Engade todos os ingredientes para a masaxe.

Nunha tigela separada, mestura o vinagre balsámico, o mel, a mostaza de mel e o caldo de carne. Cubrir o asado con aceite de oliva, despois fregar as especias na mestura de untar. Coloca o asado na cociña lenta e, a continuación, bota a salsa por riba. Poñer a cociña lenta ao mínimo e cociña durante 8 horas.

Se queres espesar a salsa cando estea feito o asado, pásao da cociña lenta a un prato de servir. A continuación, encha o líquido nunha pota e quenta a ebulición no lume. Mestura a fariña ata que quede suave e cociña ata que a salsa espese.

Nutrición (por 100 g): 306 Calorías 19 g Grasa 13 g Carbohidratos 25 g Proteína 823 mg Sodio

Carne asada

Tempo de preparación: 20 minutos.
Tempo de cocción: 5 horas.
Porcións: 8
Nivel de dificultade: medio

Ingredientes:

- 2 culleradas de aceite de oliva
- Sal e pementa
- 3 libras de carne asada sen ósos, atada
- 4 cenorias medianas, peladas
- 2 pastinacas, peladas e cortadas pola metade
- 2 grelos brancos, pelados e cortados en cuartos
- 10 dentes de allo pelados
- 2 ramas de tomiño fresco
- 1 laranxa, lavada e ralada
- 1 cunca de caldo de polo ou carne

Enderezos:

Quenta unha tixola grande a lume medio-alto. Fregue o asado de tenreira con aceite de oliva, despois sazone con sal e pementa. Cando a tixola estea quente, engade o asado de tenreira e doura por todos os lados. Isto levará uns 3 minutos por lado, pero este proceso sela os zumes e fai que a carne sexa suculenta.

Cando estea cocido, colócase na cociña lenta. Mesturar as cenorias, as chirivías, os grelos e o allo na tixola. Revolver e cociñar uns 5 minutos, non por completo, só para sacarlle algúns dos anacos marróns da tenreira e darlle cor.

Transfire as verduras á cociña lenta, dispoñéndoas ao redor da carne. Cubra o asado co tomiño e a reladura de laranxa. Cortar a laranxa pola metade e espremer o zume sobre a carne. Engade o caldo de polo, despois cociña o asado a lume lento durante 5 horas.

Nutrición (por 100 g): 426 Calorías 12,8 g Graxa 10 g Carbohidratos 48,8 g Proteína 822 mg Sodio

Arroz e embutido mediterráneo

Tempo de preparación: 15 minutos.
Tempo de cocción: 8 horas.
Porcións: 6
Nivel de dificultade: medio

Ingredientes:

- 1 ½ libra de salchicha italiana, desmenuzada
- 1 cebola mediana picada
- 2 culleradas de salsa de bisté
- 2 cuncas de arroz de gran longo, sen cocer
- 1 lata (14 onzas) de tomates cortados en dados con zume
- ½ cunca de auga
- 1 pemento verde mediano, cortado en dados

Enderezos:

Rocíe a súa cociña lenta con aceite de oliva ou spray de cociña antiadherente. Engade a salchicha, a cebola e a salsa de bisté á cociña lenta. Deixamos repousar a lume lento durante 8 a 10 horas.

Despois de 8 horas, engade o arroz, os tomates, a auga e o pemento verde. Mesturar para combinar ben. Cociña de 20 a 25 minutos máis.

Nutrición (por 100 g): 650 Calorías 36 g Grasa 11 g Carbohidratos 22 g Proteína 633 mg Sodio

Albóndigas españolas

Tempo de preparación: 20 minutos.

Tempo de cocción: 5 horas.

Porcións: 6

Nivel de dificultade: Difícil

Ingredientes:

- 1 libra de pavo moído
- 1 libra de porco moído
- 2 ovos
- 1 lata (20 onzas) de tomates cortados en dados
- ¾ cunca de cebola doce picada, dividida
- ¼ cunca máis 1 cucharada de pan relado
- 3 culleradas de perexil fresco picado
- 1½ cucharaditas de comiño
- 1½ cucharaditas de pimentón (doce ou quente)

Enderezos:

Pulverizar a cociña lenta con aceite de oliva.

Nunha tigela, incorpora a carne moída, os ovos, aproximadamente a metade das cebolas, o pan relado e as especias.

Lavar as mans e mesturar ata que todo estea ben combinado. Non obstante, non mestura demasiado xa que isto fai que as albóndigas sexan duras. Formar albóndigas. O tamaño que as fagas determinará obviamente a cantidade total de albóndigas que obterás.

Nunha tixola, cociña 2 culleradas de aceite de oliva a lume medio. Unha vez quentes, mesturamos as albóndigas e douramos por todos os lados. Asegúrese de que as bolas non se toquen para que se doren uniformemente. Unha vez feitos, transfiéraos á cociña lenta.

Engade o resto das cebolas e os tomates á tixola e cociña por uns minutos, raspando os anacos marróns das albóndigas para darlle sabor. Transfire os tomates sobre as albóndigas na cociña lenta e cociña a lume lento durante 5 horas.

Nutrición (por 100 g): 372 Calorías 21,7 g Graxa 15 g Carbohidratos 28,6 Proteínas 772 mg Sodio

Filetes de coliflor con salsa de oliva e cítricos

Tempo de preparación: 15 minutos.
Tempo de cociñar: 30 minutos
Porcións: 4
Nivel de dificultade: medio

Ingredientes:

- 1 ou 2 coliflor de cabeza grande
- 1/3 cunca de aceite de oliva virxe extra
- ¼ de cucharadita de sal kosher
- 1/8 cucharadita de pementa negra moída
- Zume de 1 laranxa
- Ralladura de 1 laranxa
- ¼ cunca de aceitunas negras, picadas e picadas
- 1 cucharada de mostaza de Dijon ou granulada
- 1 cucharada de vinagre de viño tinto
- ½ cucharadita de cilantro moído

Enderezos:

Prequenta o forno a 400 ° F. Forra papel de pergamino ou papel de aluminio na tixola. Cortar o talo da coliflor para que quede en posición vertical. Córtao verticalmente en catro lousas grosas. Coloque a coliflor na tixola preparada. Regar con aceite de oliva, sal e pementa negra. Ás uns 30 minutos.

Nunha tigela mediana, mestura o zume de laranxa, a raspadura de laranxa, as olivas, a mostaza, o vinagre e o cilantro; mestura ben. Servir coa salsa.

Nutrición (por 100 g): 265 Calorías 21 g Grasa 4 g Carbohidratos 5 g Proteína 693 mg Sodio

Pasta con pesto de pistacho e menta

Tempo de preparación: 10 minutos.

Tempo de cociñar: 10 minutos

Porcións: 4

Nivel de dificultade: medio

Ingredientes:

- 8 onzas de pasta de trigo integral
- 1 cunca de menta fresca
- ½ cunca de albahaca fresca
- 1/3 cunca de pistachos sen sal sen casca
- 1 dente de allo pelado
- ½ cucharadita de sal kosher
- Zume de media lima
- 1/3 cunca de aceite de oliva virxe extra

Enderezos:

Cociña a pasta seguindo as instrucións do paquete. Escorrer, reservando ½ cunca de auga da pasta e reservar. Nun procesador de alimentos, engade a menta, a albahaca, os pistachos, o allo, o sal e o zume de lima. Procesar ata que os pistachos estean ben moídos. Engade o aceite de oliva nun fluxo lento e constante e procesa ata que se incorpore.

Nun bol grande, engade a pasta co pesto de pistachos. Se queres unha consistencia máis fina e picante, engade un pouco da auga da pasta reservada e mestura ben.

Nutrición (por 100 g): Calorías: 420 Carbohidratos: 3 g Grasa: 2 g Proteína: 593 g Sodio

Salsa de tomate cherry con pasta de cabelo de anxo

Tempo de preparación: 10 minutos.
Tempo de cociñar: 20 minutos
Porcións: 4
Nivel de dificultade: medio

Ingredientes:

- 8 onzas de pasta de cabelo de anxo
- 2 culleradas de aceite de oliva virxe extra
- 3 dentes de allo, picados
- 3 pintas de tomates cherry
- ½ cucharadita de sal kosher
- ¼ cucharadita de flocos de pemento vermello
- ¾ cunca de albahaca fresca, picada
- 1 cucharada de vinagre balsámico branco (opcional)
- ¼ cunca de queixo parmesano relado (opcional)

Enderezos:

Cociña a pasta seguindo as instrucións do paquete. Escorrer e reservar.

Cociña o aceite de oliva nunha tixola ou nunha tixola grande a lume medio-alto. Engade o allo e refoga durante 30 segundos. Engade os tomates, o sal e os flocos de pementa vermella e cociña, mexendo ocasionalmente, ata que os tomates rebentan, uns 15 minutos.

Retirar do lume e engadir a pasta e a albahaca. Mestura ben. (Para os tomates fóra de tempada, engade vinagre, se o desexa, e mestura ben). atender.

Nutrición (por 100 g): 305 Calorías 8 g Grasa 3 g Carbohidratos 11 g Proteína 559 mg Sodio

Tofu ao forno con tomates secos e alcachofas

Tempo de preparación: 30 minutos.
Tempo de cociñar: 30 minutos
Porcións: 4
Nivel de dificultade: medio

Ingredientes:

- 1 paquete (16 onzas) de tofu extra firme, cortado en cubos de 1 polgada
- 2 culleradas de aceite de oliva virxe extra, divididas
- 2 culleres de sopa de zume de limón, dividido
- 1 cucharada de salsa de soia baixa en sodio
- 1 cebola cortada en cubos
- ½ cucharadita de sal kosher
- 2 dentes de allo picados
- 1 lata (14 onzas) de corazóns de alcachofa, escurridos
- 8 tomates secos
- ¼ cucharadita de pementa negra recén moída
- 1 cucharada de vinagre de viño branco
- ralladura de 1 limón
- ¼ cunca de perexil fresco picado

Enderezos:

Prepare o forno a 400 ° F. Coloque o papel de aluminio ou papel pergamino na tixola. Nunha cunca, combine o tofu, 1 cucharada de aceite de oliva, 1 cucharada de zume de limón e a salsa de soia. Deixar repousar e marinar de 15 a 30 minutos. Dispoña o tofu nunha soa capa sobre a tixola preparada e coce durante 20 minutos, dándolle voltas unha vez, ata que estea lixeiramente dourada.

Cocer a 1 cucharada de aceite de oliva restante nunha tixola grande ou saltear a lume medio. Engade a cebola e o sal; saltear ata que estea transparente, de 5 a 6 minutos. Engade o allo e frite durante 30 segundos. A continuación, engade os corazóns de alcachofa, os tomates secos e a pementa negra e refoga durante 5 minutos. Engade o vinagre de viño branco e a culler de sopa restante de zume de limón e desglase a pota, raspando os anacos marróns. Retira a tixola do lume e engade a reladura de limón e o perexil. Mestura suavemente o tofu cocido.

Nutrición (por 100 g): 230 Calorías 14 g Grasa 5 g Carbohidratos 14 g Proteína 593 mg Sodio

Tempeh mediterráneo ao forno con tomate e allo

Tempo de preparación: 25 minutos, máis 4 horas para marinar
Tempo de cociñar: 35 minutos
Porcións: 4
Nivel de dificultade: Difícil

Ingredientes:

- Para o tempeh
- 12 onzas de tempeh
- ¼ cunca de viño branco
- 2 culleradas de aceite de oliva virxe extra
- 2 culleradas de zume de limón
- ralladura de 1 limón
- ¼ de cucharadita de sal kosher
- ¼ cucharadita de pementa negra recén moída
- Para a salsa de tomate e allo
- 1 cullerada de aceite de oliva virxe extra
- 1 cebola cortada en cubos
- 3 dentes de allo, picados
- 1 lata (14,5 onzas) de tomates triturados sen sal
- 1 tomate de tenreira, cortado en dados
- 1 folla de loureiro seca
- 1 cucharadita de vinagre de viño branco

- 1 cucharadita de zume de limón.
- 1 cucharadita de orégano seco
- 1 cucharadita de tomiño seco
- ¾ de cucharadita de sal kosher
- ¼ cunca de albahaca, cortada en tiras

Enderezos:

para facer o tempeh

Coloque o tempeh nunha pota mediana. Encha auga suficiente para cubrilo de 1 a 2 polgadas. Poñer a ferver a lume medio-alto, tapar e reducir o lume a lume lento. Cociña de 10 a 15 minutos. Retire o tempeh, seque, deixe arrefriar e corte en cubos de 1 polgada.

Mestura o viño branco, o aceite de oliva, o zume de limón, a reladura de limón, o sal e a pementa negra. Engade o tempeh, cubra a cunca, métese na neveira durante 4 horas ou durante a noite. Prequenta o forno a 375 ° F. Coloca o tempeh marinado e o adobo nunha fonte de forno e cociña durante 15 minutos.

Para facer a salsa de tomate e allo

Cociña o aceite de oliva nunha tixola grande a lume medio. Engade a cebola e refoga ata que estea transparente, de 3 a 5 minutos. Engade o allo e frite durante 30 segundos. Engade os tomates triturados, o tomate de carne, o loureiro, o vinagre, o zume de limón, o ourego, o tomiño e o sal. Mestura ben. Cociña a lume lento durante 15 minutos.

Engade o tempeh cocido á mestura de tomate e mestura suavemente. Decorar coa albahaca.

CONSELLO DE SUSTITUCIÓN: Se non tes tempeh ou só queres acelerar o proceso de cocción, podes cambiar unha lata de 14,5 onzas de feixóns brancos polo tempeh. Enxágüe os feixóns e engádeos á salsa cos tomates triturados. Aínda é un gran prato vegano na metade do tempo!

Nutrición (por 100 g): 330 Calorías 20 g Grasa 4 g Carbohidratos 18 g Proteína 693 mg Sodio

Cogomelos Portobello asados con col rizada e cebola vermella

Tempo de preparación: 30 minutos.
Tempo de cociñar: 30 minutos
Porcións: 4
Nivel de dificultade: Difícil

Ingredientes:

- ¼ cunca de vinagre de viño branco
- 3 culleradas de aceite de oliva virxe extra, divididas
- ½ cucharadita de mel
- ¾ de cucharadita de sal kosher, dividida
- ¼ cucharadita de pementa negra recén moída
- 4 cogomelos portobello grandes, sen tallos
- 1 cebola vermella, cortada en xuliana
- 2 dentes de allo picados
- 1 montón de col rizada (8 onzas), cortada e finamente picada
- ¼ cucharadita de flocos de pemento vermello
- ¼ cunca de queixo parmesano ou romano relado

Enderezos:

Coloque papel pergamino ou papel de aluminio na tixola. Nunha tigela mediana, mestura o vinagre, 1 ½ cucharadas de aceite de oliva, o mel, ¼ de cucharadita de sal e a pementa negra. Coloque os cogomelos na tixola e bótalles a marinada. Deixamos marinar de 15 a 30 minutos.

Mentres tanto, prequenta o forno a 400 ° F. Ás cogomelos durante 20 minutos, dándolle voltas á metade. Quenta as 1½ culleradas de aceite de oliva restantes nunha tixola grande ou nunha tixola a lume medio-alto. Engade a cebola e a media cucharadita de sal restante e saltee ata que estean douradas, de 5 a 6 minutos. Engade o allo e frite durante 30 segundos. Mestura as follas de kale e pementa vermella e refoga ata que a colza estea cocida, uns 5 minutos.

Retire os cogomelos do forno e suba a temperatura para asar. Despeje coidadosamente o líquido da tixola coa mestura de col rizada; mestura ben. Volta os cogomelos para que o lado do talo estea cara arriba. Despeje un pouco da mestura de col enriba de cada cogomelo. Espolvoreo 1 cucharada de queixo parmesano enriba de cada un. Grella ata que estea dourada.

Nutrición (por 100 g): Calorías: 200 Carbohidratos: 13 g Grasa: 4 g Proteína: 8 g

Tofu marinado balsámico con albahaca e orégano

Tempo de preparación: 40 minutos.

Tempo de cociñar: 30 minutos

Porcións: 4

Nivel de dificultade: medio

Ingredientes:

- ¼ cunca de aceite de oliva virxe extra
- ¼ cunca de vinagre balsámico
- 2 culleres de sopa de salsa de soia baixa en sodio
- 3 dentes de allo relados
- 2 culleres de té de xarope de bordo puro
- ralladura de 1 limón
- 1 cucharadita de albahaca seca
- 1 cucharadita de orégano seco
- ½ cucharadita de tomiño seco
- ½ cucharadita de salvia seca
- ¼ de cucharadita de sal kosher
- ¼ cucharadita de pementa negra recén moída
- ¼ de cucharadita de pementa vermella (opcional)
- 1 bloque (16 onzas) de tofu extra firme

Enderezos:

Nunha cunca ou nunha bolsa con cremallera, mestura o aceite de oliva, o vinagre, a salsa de soia, o allo, o xarope de bordo, a reladura de limón, a albahaca, o ourego, o tomiño, a salvia, o sal, a pementa negra e os flocos de pementa vermella, se o desexa. Engade o tofu e mestura suavemente. Poñer na neveira e marinar durante 30 minutos, ou ata toda a noite se o desexa.

Prepare o forno a 425 ° F. Forra papel pergamino ou papel de aluminio na tixola. Coloque o tofu marinado nunha soa capa sobre a tixola preparada. Ás durante 20 a 30 minutos, dálle a volta á metade, ata que estea lixeiramente crocante.

Nutrición (por 100 g): 225 Calorías 16 g Grasa 2 g Carbohidratos 13 g Proteína 493 mg Sodio

Calabacín recheo de ricota, albahaca e pistacho

Tempo de preparación: 15 minutos.
Tempo de cociñar: 25 minutos
Porcións: 4
Nivel de dificultade: medio

Ingredientes:

- 2 cabaciñas medianas, cortadas pola metade ao longo
- 1 cullerada de aceite de oliva virxe extra
- 1 cebola cortada en cubos
- 1 cucharadita de sal kosher
- 2 dentes de allo picados
- ¾ cunca de queixo ricotta
- ¼ cunca de pistachos sen sal, pelados e picados
- ¼ cunca de albahaca fresca picada
- 1 ovo grande, batido
- ¼ cucharadita de pementa negra recén moída

Enderezos:

Poñer o forno a 425 ° F. Forrar papel pergamino ou papel de aluminio na tixola. Saca as sementes/carne do calabacín, deixando ¼ de polgada de carne ao redor dos bordos. Coloque a polpa nunha táboa de cortar e corte a polpa.

Cociña o aceite de oliva nunha tixola a lume medio. Engadir a cebola, a polpa e o sal e fritir uns 5 minutos. Engade o allo e frite durante 30 segundos. Mestura o queixo ricotta, os pistachos, a albahaca, o ovo e a pementa negra. Engade a mestura de cebola e mestura ben.

Coloca as 4 metades de calabacín na tixola preparada. Unta as metades de calabacín coa mestura de ricotta. Ás ata que estean dourados.

Nutrición (por 100 g): 200 Calorías 12 g Grasa 3 g Carbohidratos 11 g Proteína 836 mg Sodio

Farro con tomates asados e cogomelos

Tempo de preparación: 20 minutos.

Tempo de cocción: 1 hora.

Porcións: 4

Nivel de dificultade: Difícil

Ingredientes:

- Para os tomates
- 2 pintas de tomates cherry
- 1 cucharadita de aceite de oliva virxe extra
- ¼ de cucharadita de sal kosher
- Para o Farro
- 3 a 4 cuncas de auga
- ½ cunca de farro
- ¼ de cucharadita de sal kosher
- para os cogomelos
- 2 culleradas de aceite de oliva virxe extra
- 1 cebola cortada en xuliana
- ½ cucharadita de sal kosher
- ¼ cucharadita de pementa negra recén moída
- 10 onzas de cogomelos bebés, cortados en rodajas finas
- ½ cunca de caldo vexetal sen sal
- 1 lata (15 onzas) de feixóns cannellini baixos en sodio, escurridos e lavados
- 1 cunca de espinaca bebé

- 2 culleres de sopa de albahaca fresca, cortada en tiras
- ¼ cunca de piñeiros tostados
- Vinagre balsámico envellecido (opcional)

Enderezos:

Para facer os tomates

Prequenta o forno a 400 ° F. Forra papel de pergamino ou papel de aluminio na tixola. Combina os tomates, o aceite de oliva e o sal na tixola e asa durante 30 minutos.

para facer o farro

Poña a ebulición a auga, o farro e o sal nunha pota ou pota mediana a lume alto. Poña a lume lento e cociña durante 30 minutos, ou ata que o farro estea al dente. Escorrer e reservar.

para facer os cogomelos

Cociña o aceite de oliva nunha tixola grande ou frite a lume medio-baixo. Engade as cebolas, sal e pementa negra e refoga ata que estean douradas e comecen a caramelizar, uns 15 minutos. Engade os cogomelos, aumenta o lume a medio e refoga ata que o líquido se evapore e os cogomelos estean dourados, uns 10 minutos. Engade o caldo de verduras e desglase a tixola, raspando os anacos marróns, e reduce o líquido durante uns 5 minutos. Engade os feixóns e quenta, uns 3 minutos.

Retirar e engadir as espinacas, a albahaca, os piñóns, os tomates asados e o farro. Regar con vinagre balsámico, se o desexa.

Nutrición (por 100 g): 375 Calorías 15 g Grasa 10 g Carbohidratos 14 g Proteína 769 mg Sodio

Orzo ao forno con berenxenas, acelgas e mozzarella

Tempo de preparación: 20 minutos.
Tempo de cociñar: 60 minutos
Porcións: 4
Nivel de dificultade: medio

Ingredientes:

- 2 culleradas de aceite de oliva virxe extra
- 1 berinjela grande (1 libra), cortada en dados pequenos
- 2 cenorias, peladas e cortadas en cubos pequenos
- 2 talos de apio, cortados en cubos pequenos
- 1 cebola cortada en cubos pequenos
- ½ cucharadita de sal kosher
- 3 dentes de allo, picados
- ¼ cucharadita de pementa negra recén moída
- 1 cunca de orzo de trigo integral
- 1 cucharadita de pasta de tomate sen sal engadido
- 1½ cuncas de caldo vexetal sen sal engadido
- 1 cunca de acelga, pelada e finamente picada
- 2 culleradas de orégano fresco picado
- ralladura de 1 limón
- 4 onzas de queixo mozzarella, cortado en cubos pequenos
- ¼ cunca de queixo parmesano relado
- 2 tomates, cortados en rodajas de ½ polgada de grosor

Enderezos:

Prequenta o forno a 400 ° F. Cociña o aceite de oliva nunha tixola grande apta para o forno a lume medio. Engade a berenxena, as cenorias, o apio, a cebola e o sal e frite uns 10 minutos. Engadir o allo e a pementa negra e fritir uns 30 segundos. Engadir o orzo e a pasta de tomate e cociñar durante 1 minuto. Mestura o caldo de verduras e desglase a tixola, raspando os anacos marróns. Engade a acelga, o ourego e a reladura de limón e remove ata que as acelgas se marchiten.

Sacar e poñer o queixo mozzarella. Alisa a parte superior da mestura de orzo ata que quede plana. Espolvoreo queixo parmesano por riba. Estender os tomates nunha soa capa sobre o queixo parmesano. Ás durante 45 minutos.

Nutrición (por 100 g): 470 Calorías 17 g Grasa 7 g Carbohidratos 18 g Proteína 769 mg Sodio

Risotto de cebada con tomate

Tempo de preparación: 20 minutos.

Tempo de cociñar: 45 minutos

Porcións: 4

Nivel de dificultade: medio

Ingredientes:

- 2 culleradas de aceite de oliva virxe extra
- 2 tallos de apio, cortados en dados
- ½ cunca de chalotes, cortadas en dados
- 4 dentes de allo, picados
- 3 cuncas de caldo vexetal sen sal
- 1 lata (14,5 onzas) de tomates sen sal en cubos
- 1 lata (14,5 onzas) de tomates triturados sen sal
- 1 cunca de cebada perlada
- ralladura de 1 limón
- 1 cucharadita de sal kosher
- ½ cucharadita de pementón afumado
- ¼ cucharadita de flocos de pemento vermello
- ¼ cucharadita de pementa negra recén moída
- 4 ramas de tomiño
- 1 folla de loureiro seca
- 2 cuncas de espinaca bebé
- ½ cunca de queixo feta desmenuzado
- 1 cucharada de orégano fresco picado

- 1 cucharada de sementes de fiúncho tostadas (opcional)

Enderezos:

Cociña o aceite de oliva nunha cazola grande a lume medio. Engade o apio e os chalotes e saltee, uns 4 a 5 minutos. Engade o allo e frite durante 30 segundos. Engade o caldo de vexetais, os tomates cortados en dados, os tomates triturados, a cebada, a reladura de limón, o sal, a pementa vermella, a pementa negra, o tomiño e a folla de loureiro e mestura ben. Poña a ebulición, despois reduce o lume a lume e cociña. Cociña, mexendo ocasionalmente, durante 40 minutos.

Elimina a folla de loureiro e as ramas de tomiño. Engadir as espinacas. Nunha tigela pequena, combine o feta, o ourego e as sementes de fiúncho. Servir o risotto de cebada en cuncas cubertas coa mestura de feta.

Nutrición (por 100 g): 375 Calorías 12 g Grasa 13 g Carbohidratos 11 g Proteína 799 mg Sodio

Garbanzos e col rizada con salsa picante pomodoro

Tempo de preparación: 10 minutos.

Tempo de cociñar: 35 minutos

Porcións: 4

Nivel de dificultade: fácil

Ingredientes:

- 2 culleradas de aceite de oliva virxe extra
- 4 dentes de allo, cortados en rodajas
- 1 cucharadita de flocos de pemento vermello
- 1 lata (28 onzas) de tomates triturados sen sal
- 1 cucharadita de sal kosher
- ½ cucharadita de mel
- 1 acio de col rizada, cortada e cortada
- 2 latas (15 onzas) de garavanzos baixos en sodio, escurridos e lavados
- ¼ cunca de albahaca fresca picada
- ¼ cunca de queixo pecorino romano relado

Enderezos:

Cociña o aceite de oliva nunha tixola a lume medio. Engade os flocos de allo e pemento vermello e salteo ata que estea lixeiramente dourado, uns 2 minutos. Engade os tomates, o sal e o mel e mestura ben. Reduce o lume a baixo e cociña durante 20 minutos.

Engade a kale e mestura ben. Cociña uns 5 minutos. Engadir os garavanzos e cociñar uns 5 minutos. Retirar do lume e engadir a albahaca. Servir cuberto con queixo pecorino.

Nutrición (por 100 g): 420 Calorías 13 g Grasa 12 g Carbohidratos 20 g Proteína 882 mg Sodio

Feta asada con iogur de col e limón

Tempo de preparación: 15 minutos.

Tempo de cociñar: 20 minutos

Porcións: 4

Nivel de dificultade: medio

Ingredientes:

- 1 cullerada de aceite de oliva virxe extra
- 1 cebola cortada en xuliana
- ¼ de cucharadita de sal kosher
- 1 cucharadita de cúrcuma moída
- ½ cucharadita de comiño moído
- ½ cucharadita de cilantro moído
- ¼ cucharadita de pementa negra recén moída
- 1 acio de col rizada, cortada e cortada
- Bloque de queixo feta de 7 onzas, cortado en rodajas de ¼ de polgada de grosor
- ½ cunca de iogur grego natural
- 1 cucharada de zume de limón

Enderezos:

Prequenta o forno a 400 ° F. Frite en aceite de oliva nunha tixola grande ou refractaria a lume medio. Engade a cebola e o sal; saltear ata que estean lixeiramente dourados, uns 5 minutos. Engade a cúrcuma, o comiño, o cilantro e a pementa negra; fritir durante 30 segundos. Engade o repolo e cociña uns 2 minutos.

Engade ½ cunca de auga e continúa a cociñar a colza, uns 3 minutos.

Retirar do lume e colocar as rodajas de feta encima da mestura de kale. Poñer no forno e cocer ata que a feta se amolece, de 10 a 12 minutos. Nunha tigela pequena, combine o iogur e o zume de limón. Servir a col rizada e o feta cubertos co iogur de limón.

Nutrición (por 100 g): 210 Calorías 14 g Grasa 2 g Carbohidratos 11 g Proteína 836 mg Sodio

Berenjenas asadas e garavanzos con salsa de tomate

Tempo de preparación: 15 minutos.
Tempo de cociñar: 60 minutos
Porcións: 4
Nivel de dificultade: Difícil

Ingredientes:

- spray de aceite de oliva para cociñar
- 1 berinjela grande (aproximadamente 1 libra), cortada en rodajas de ¼ de polgada de grosor
- 1 cucharadita de sal kosher, dividida
- 1 cullerada de aceite de oliva virxe extra
- 3 dentes de allo, picados
- 1 lata (28 onzas) de tomates triturados sen sal
- ½ cucharadita de mel
- ¼ cucharadita de pementa negra recén moída
- 2 culleradas de albahaca fresca picada
- 1 lata (15 onzas) de garavanzos sen sal ou baixo en sodio, escurridos e lavados
- ¾ cunca de queixo feta esmigado
- 1 cucharada de orégano fresco picado

Enderezos:

Prequenta o forno a 425 ° F. Engraxa e forra dúas placas de forno con papel de aluminio e rocía lixeiramente con aceite de oliva en spray de cociña. Estender a berinjela nunha soa capa e espolvorear con media cucharadita de sal. Ás durante 20 minutos, dándolle voltas unha vez á metade, ata que estean lixeiramente dourados.

Mentres tanto, quenta o aceite de oliva nunha cazola grande a lume medio. Engade o allo e frite durante 30 segundos. Engade os tomates triturados, o mel, a media cucharadita de sal restante e a pementa negra. Ferva durante uns 20 minutos, ata que a salsa estea lixeiramente reducida e espesa. Engadir a albahaca.

Despois de retirar a berinjela do forno, reduce a temperatura do forno a 375 ° F. Nunha fonte grande rectangular ou ovalada, Despeje os garavanzos e 1 cunca de salsa. Dispoñemos as rodajas de berinjela encima, superpoñendo segundo sexa necesario para cubrir os garavanzos. Colocar o resto da salsa sobre a berenxena. Espolvoreo queixo feta e ourego por riba.

Envolver a fonte con papel de aluminio e cocer durante 15 minutos. Retire o papel de aluminio e cocer 15 minutos máis.

Nutrición (por 100 g): 320 Calorías 11 g Grasa 12 g Carbohidratos 14 g Proteína 773 mg Sodio

Deslizadores de Falafel ao forno

Tempo de preparación: 10 minutos.

Tempo de cociñar: 30 minutos

Porcións: 6

Nivel de dificultade: medio

Ingredientes:

- spray de aceite de oliva para cociñar
- 1 lata (15 onzas) de garavanzos baixos en sodio, escurridos e lavados
- 1 cebola picada
- 2 dentes de allo pelados
- 2 culleradas de perexil fresco picado
- 2 culleres de sopa de fariña de trigo integral
- ½ cucharadita de cilantro moído
- ½ cucharadita de comiño moído
- ½ cucharadita de fermento en po
- ½ cucharadita de sal kosher
- ¼ cucharadita de pementa negra recén moída

Enderezos:

Prequenta o forno a 350 ° F. Forra papel de pergamino ou papel de aluminio e rocía lixeiramente con aceite de oliva en spray para cociñar na tixola.

Nun procesador de alimentos, mestura os garavanzos, a cebola, o allo, o perexil, a fariña, o cilantro, o comiño, o fermento en po, o sal e a pementa negra. Mestura ata que quede suave.

Fai 6 barras deslizantes para hamburguesas, cada unha cun ¼ de cunca colmada de mestura e colócaas na tixola preparada. Ás durante 30 minutos. Asistir.

Nutrición (por 100 g): 90 Calorías 1 g Grasa 3 g Carbohidratos 4 g Proteína 803 mg Sodio

Portobello Caprese

Tempo de preparación: 15 minutos.

Tempo de cociñar: 30 minutos

Porcións: 2

Nivel de dificultade: Difícil

Ingredientes:

- 1 cucharada de aceite de oliva
- 1 cunca de tomates cherry
- Sal e pementa negra a gusto
- 4 follas grandes de albahaca fresca, cortadas en rodajas finas, divididas
- 3 dentes de allo medianos, picados
- 2 cogomelos portobello grandes, sen tallos
- 4 pezas de mini bolas de mozzarella
- 1 cucharada de queixo parmesano relado

Enderezos:

Prepare o forno a 350 °F (180 °C). Untar unha placa de forno con aceite de oliva. Bota 1 cucharada de aceite de oliva nunha tixola antiadherente e quenta a lume medio-alto. Engade os tomates á tixola e espolvoreo con sal e pementa negra para condimentar. Fai uns buracos nos tomates para extraer o zume durante a cocción. Cubra e cociña os tomates durante 10 minutos ou ata que estean tenros.

Reserva 2 culleres de té de albahaca e engade o resto de albahaca e allo á tixola. Triturar os tomates cunha espátula, despois cociñar durante medio minuto. Mestura constantemente durante a cocción. Deixa de lado. Coloque os cogomelos na tixola, coa tapa cara abaixo, e espolvoreo con sal e pementa negra ao gusto.

Despeje a mestura de tomate e as bolas de mozzarella sobre as branquias dos cogomelos, despois espolvoreo con queixo parmesano para cubrir ben. Ás ata que os cogomelos estean tenros e os queixos estean dourados. Retirar do forno os cogomelos recheos e servir con albahaca por riba.

Nutrición (por 100 g): 285 Calorías 21,8 g Graxa 2,1 g Carbohidratos 14,3 g Proteínas 823 mg Sodio

Tomates recheos de cogomelos e queixo

Tempo de preparación: 15 minutos.

Tempo de cociñar: 20 minutos

Porcións: 4

Nivel de dificultade: medio

Ingredientes:

- 4 tomates maduros grandes
- 1 cucharada de aceite de oliva
- ½ libra (454 g) de cogomelos brancos ou cremini, cortados en rodajas
- 1 cucharada de albahaca fresca picada
- ½ cunca de cebola amarela, cortada en dados
- 1 cucharada de orégano fresco picado
- 2 dentes de allo picados
- ½ cucharadita de sal
- ¼ cucharadita de pementa negra recén moída
- 1 cunca de queixo mozzarella parcialmente desnatado, relado
- 1 cucharada de queixo parmesano relado

Enderezos:

Prepare o forno a 375 °F (190 °C). Cortar unha porción de ½ polgada da parte superior de cada tomate. Coloque a polpa nunha cunca, deixando casca de tomate de ½ polgada. Dispoña os tomates nunha placa de forno forrada con papel aluminio. Quenta o aceite de oliva nunha tixola antiadherente a lume medio.

Engade os cogomelos, a albahaca, a cebola, o ourego, o allo, o sal e a pementa negra á tixola e saltee durante 5 minutos.

Despeje a mestura no bol de pulpa de tomate, despois engade o queixo mozzarella e mestura ben. Despeje a mestura en cada casca de tomate e, a continuación, cubra cunha capa de parmesano. Ás no forno precalentado durante 15 minutos ou ata que o queixo estea burbulla e os tomates estean brandos. Retire os tomates recheos do forno e serve quente.

Nutrición (por 100 g): 254 Calorías 14,7 g Graxa 5,2 g Carbohidratos 17,5 g Proteína 783 mg Sodio

Tabular

Tempo de preparación: 15 minutos.

Tempo de cociñar: 5 minutos

Porcións: 6

Nivel de dificultade: medio

Ingredientes:

- 4 culleradas de aceite de oliva, divididas
- 4 cuncas de coliflor con arroz
- 3 dentes de allo finamente picados
- Sal e pementa negra a gusto
- ½ pepino grande, pelado, sen sementes e picado
- ½ cunca de perexil italiano picado
- zume de 1 limón
- 2 culleres de sopa de cebola vermella picada
- ½ cunca de follas de menta picadas
- ½ cunca de aceitunas Kalamata sen hueso, picadas
- 1 cunca de tomates cherry, cortados en cuartos
- 2 cuncas de follas de rúcula ou espinacas
- 2 aguacates medianos, pelados, sen hueso e cortados en dados

Enderezos:

Quenta 2 culleradas de aceite de oliva nunha tixola antiadherente a lume medio-alto. Engade o arroz de coliflor, o allo, o sal e a pementa negra á tixola e saltee durante 3 minutos ou ata que estea perfumado. Transfiéraos a unha cunca grande.

Engade o pepino, o perexil, o zume de limón, a cebola vermella, a menta, as olivas e o aceite de oliva restante á tixela. Mesturar para combinar ben. Reserva a cunca na neveira durante polo menos 30 minutos.

Saca a cunca da neveira. Engade os tomates cherry, a rúcula e o aguacate á tigela. Sazonar ben e remover para combinar ben. Servir frío.

Nutrición (por 100 g): 198 Calorías 17,5 g Graxa 6,2 g Carbohidratos 4,2 g Proteína 773 mg Sodio

Rabe de brócoli picante e corazóns de alcachofa

Tempo de preparación: 5 minutos.
Tempo de cociñar: 15 minutos
Porcións: 4
Nivel de dificultade: medio

Ingredientes:

- 3 culleradas de aceite de oliva, divididas
- 2 libras (907 g) de brócoli fresco
- 3 dentes de allo finamente picados
- 1 cucharadita de flocos de pemento vermello
- 1 cucharadita de sal, máis máis a gusto
- 13,5 onzas (383 g) de corazóns de alcachofa
- 1 culler de sopa de auga
- 2 culleradas de vinagre de viño tinto
- Pementa negra recén moída, ao gusto

Enderezos:

Quenta 2 culleradas de aceite de oliva nunha tixola antiadherente sobre unha tixola media-alta. Engade o brócoli, o allo, os flocos de pementa vermella e o sal á tixola e saltee durante 5 minutos ou ata que o brócoli estea suave.

Poñer os corazóns de alcachofa na tixola e saltear durante 2 minutos máis ou ata que estean tenros. Engade auga á tixola e baixa o lume ao mínimo. Poñer a tapa e cociñar durante 5 minutos. Mentres tanto, mestura o vinagre e 1 cucharada de aceite de oliva nun bol.

Rega o brócoli e as alcachofas cocidos lentamente con vinagre engrasado e espolvoreo con sal e pementa negra. Mestura para combinar ben antes de servir.

Nutrición (por 100 g): 272 Calorías 21,5 g Graxa 9,8 g Carbohidratos 11,2 g Proteína 736 mg Sodio

Shakshuka

Tempo de preparación: 10 minutos.

Tempo de cociñar: 25 minutos

Porcións: 4

Nivel de dificultade: Difícil

Ingredientes:

- 5 culleradas de aceite de oliva, divididas
- 1 pemento vermello, finamente picado
- ½ cebola amarela pequena, picada finamente
- 14 onzas (397 g) de tomate triturado, con zume
- 6 onzas (170 g) de espinacas conxeladas, desconxeladas e escurridas do exceso de líquido
- 1 cucharadita de pementón afumado
- 2 dentes de allo finamente picados
- 2 culleres de té de flocos de pemento vermello
- 1 cullerada de alcaparras, picadas
- 1 culler de sopa de auga
- 6 ovos grandes
- ¼ cucharadita de pementa negra recén moída
- ¾ cunca de queixo feta ou de cabra, desmenuzado
- ¼ cunca de perexil ou cilantro fresco de folla plana, picado

Enderezos:

Prepare o forno a 300ºF (150ºC). Quenta 2 culleradas de aceite de oliva nunha tixola apta para o forno a lume medio-alto. Saltear o pemento morrón e a cebola nunha tixola ata que a cebola estea translúcida e o pemento morrón sexa suave.

Engade os tomates e os zumes, as espinacas, o pementón, o allo, os flocos de pemento vermello, as alcaparras, a auga e 2 culleradas de aceite de oliva á tixola. Mesturar ben e deixar ferver. Baixa o lume ao mínimo, despois pon a tapa e cociña durante 5 minutos.

Rachar os ovos sobre a salsa, deixando un pouco de espazo entre cada ovo, deixando o ovo intacto, e espolvorear con pementa negra recén moída. Cociña ata que os ovos cheguen á cocción correcta.

Estender o queixo sobre os ovos e a salsa e cocer no forno prequentado durante 5 minutos ou ata que o queixo estea espumoso e dourado. Regar con 1 cullerada de aceite de oliva restante e espolvorear o perexil por riba antes de servir quente.

Nutrición (por 100 g): 335 Calorías 26,5 g Graxa 5 g Carbohidratos 16,8 g Proteínas 736 mg Sodio

spanakopita

Tempo de preparación: 15 minutos.

Tempo de cociñar: 50 minutos

Porcións: 6

Nivel de dificultade: Difícil

Ingredientes:

- 6 culleradas de aceite de oliva, divididas
- 1 cebola amarela pequena, cortada en dados
- 4 cuncas de espinaca picada conxelada
- 4 dentes de allo, picados
- ½ cucharadita de sal
- ½ cucharadita de pementa negra recén moída
- 4 ovos grandes, batidos
- 1 cunca de queixo ricotta
- ¾ cunca de queixo feta, desmenuzado
- ¼ cunca de piñóns

Enderezos:

Untar unha fonte de forno con 2 culleradas de aceite de oliva. Pon o forno a 375 graos F. Quenta 2 culleradas de aceite de oliva nunha tixola antiadherente a lume medio-alto. Mestura a cebola na tixola e refoga durante 6 minutos ou ata que estea translúcida e tenra.

Engade as espinacas, o allo, o sal e a pementa negra á tixola e saltee durante 5 minutos máis. Colócaas nun bol e reserva.

Combina os ovos batidos e o queixo ricotta nun recipiente separado e, a continuación, bótao no recipiente coa mestura de espinacas. Mesturar para mesturar ben.

Despeje a masa na fonte e incline a tixola para que a masa cubra uniformemente o fondo. Ás ata que comece a fraguar. Saca a fonte do forno e unta o feta e os piñóns por enriba, despois rega coas 2 culleradas de aceite de oliva restantes.

Volve a fonte ao forno e cociña durante 15 minutos máis ou ata que a parte superior estea dourada. Saca o prato do forno. Deixar arrefriar a spanakopita durante uns minutos e cortar para servir.

Nutrición (por 100 g): 340 Calorías 27,3 g Graxa 10,1 g Carbohidratos 18,2 g Proteínas 781 mg Sodio

taxina

Tempo de preparación: 20 minutos.

Tempo de cociñar: 60 minutos

Porcións: 6

Nivel de dificultade: medio

Ingredientes:

- ½ cunca de aceite de oliva
- 6 talos de apio, cortados en medias lúas de ¼ de polgada
- 2 cebolas amarelas medianas, cortadas en rodajas
- 1 cucharadita de comiño moído
- ½ cucharadita de canela moída
- 1 cucharadita de xenxibre en po
- 6 dentes de allo, picados
- ½ cucharadita de pementón
- 1 cucharadita de sal
- ¼ cucharadita de pementa negra recén moída
- 2 cuncas de caldo vexetal baixo en sodio
- 2 cabaciñas medianas, cortadas en medio círculos de ½ polgada de grosor
- 2 cuncas de coliflor cortada en floretes
- 1 berinjela mediana, cortada en cubos de 1 polgada
- 1 cunca de olivas verdes, cortadas á metade e sen hueso
- 13,5 onzas (383 g) de corazóns de alcachofa, escurridos e cortados en cuartos

- ½ cunca de follas de cilantro frescas, picadas, para decorar
- ½ cunca de iogur grego natural, para decorar
- ½ cunca de perexil fresco picado, para decorar

Enderezos:

Cocer o aceite de oliva nunha pota a lume medio-alto. Engade o apio e a cebola á pota e refoga durante 6 minutos. Poñer na pota o comiño, a canela, o xenxibre, o allo, o pementón, o sal e a pementa negra e saltear durante 2 minutos máis ata que estean aromáticos.

Despeje o caldo de verduras na pota e deixe ferver. Baixa o lume ao mínimo e engade o cabaciño, a coliflor e a berinjela ao banco. Cubra e cociña durante 30 minutos ou ata que as verduras estean suaves. A continuación, engade as olivas e os corazóns de alcachofa á piscina e cociña durante 15 minutos máis. Éncheos nunha cunca grande ou tagine, despois sérvaos con cilantro, iogur grego e perexil por riba.

Nutrición (por 100 g): 312 Calorías 21,2 g Graxa 9,2 g Carbohidratos 6,1 g Proteínas 813 mg Sodio

Pistachos cítricos e espárragos

Tempo de preparación: 10 minutos.

Tempo de cociñar: 10 minutos

Porcións: 4

Nivel de dificultade: Difícil

Ingredientes:

- Ralladura e zume de 2 clementinas ou 1 laranxa
- Ralladura e zume de 1 limón
- 1 cucharada de vinagre de viño tinto
- 3 culleradas de aceite de oliva virxe extra, divididas
- 1 cucharadita de sal, dividida
- ¼ cucharadita de pementa negra recén moída
- ½ cunca de pistachos pelados
- 1 libra (454 g) de espárragos frescos, picados
- 1 culler de sopa de auga

Enderezos:

Mestura a clementina e a reladura e o zume de limón, o vinagre, 2 culleradas de aceite de oliva, ½ cucharadita de sal e pementa negra. Mesturar para mesturar ben. Deixa de lado.

Tostar os pistachos nunha tixola antiadherente a lume medio-alto durante 2 minutos ou ata que estean dourados. Transfire os pistachos tostados a unha superficie de traballo limpa e, a continuación, pique grosamente. Mestura os pistachos coa mestura de cítricos. Deixa de lado.

Quenta o aceite de oliva restante na tixola antiadherente a lume medio-alto. Engade os espárragos á tixola e refoga durante 2 minutos, despois sazona co sal restante. Engade a auga á tixola. Baixa o lume ao mínimo e pon a tapa. Ferva durante 4 minutos ata que os espárragos estean tenros.

Retire os espárragos da tixola a un prato grande. Verter a mestura de cítricos e pistachos sobre os espárragos. Remexer para cubrir ben antes de servir.

Nutrición (por 100 g): 211 Calorías 17,5 g Graxa 3,8 g Carbohidratos 5,9 g Proteínas 901 mg Sodio

Berenjenas recheas de tomate e perexil

Tempo de preparación: 15 minutos.

Tempo de cociñar: 2 horas e 10 minutos

Porcións: 6

Nivel de dificultade: medio

Ingredientes:

- ¼ cunca de aceite de oliva virxe extra
- 3 berenxenas pequenas, cortadas pola metade lonxitudinalmente
- 1 cucharadita de sal mariño
- ½ cucharadita de pementa negra recén moída
- 1 cebola amarela grande, picada finamente
- 4 dentes de allo, picados
- 15 onzas (425 g) de tomates cortados en dados, con zume
- ¼ cunca de perexil fresco de folla plana, finamente picado

Enderezos:

Poñer a cociña lenta con 2 culleradas de aceite de oliva. Corte algunhas fendas no lado cortado de cada metade de berinjela, deixando un espazo de ¼ de polgada entre cada fenda. Coloque as metades de berinjela na cociña lenta, coa pel cara abaixo. Espolvoreo con sal e pementa negra.

Quenta o aceite de oliva restante nunha tixola antiadherente a lume medio-alto. Engade a cebola e o allo á tixola e refoga durante 3 minutos ou ata que a cebola estea translúcida.

Engade o perexil e os tomates co zume á tixola e espolvoreo con sal e pementa negra. Saltear durante 5 minutos máis ou ata que estean tenros. Dividir e botar a mestura nunha tixola sobre as metades da berinjela.

Coloque a tapa da cociña lenta e cociña a ALTA 2 horas ata que a berinjela estea branda. Transferir a berenxena a un prato e deixar arrefriar uns minutos antes de servir.

Nutrición (por 100 g): 455 Calorías 13 g Grasa 14 g Carbohidratos 14 g Proteína 719 mg Sodio

ratatouille

Tempo de preparación: 15 minutos.
Tempo de cocción: 7 horas.
Porcións: 6
Nivel de dificultade: medio

Ingredientes:

- 3 culleradas de aceite de oliva virxe extra
- 1 berinjela grande, sen pelar e cortada en rodajas
- 2 cebolas grandes, cortadas en rodajas
- 4 calabacíns pequenos, cortados en rodajas
- 2 pementos verdes
- 6 tomates grandes, cortados en anacos de ½ polgada
- 2 culleradas de perexil fresco de folla plana, picado
- 1 cucharadita de albahaca seca
- 2 dentes de allo picados
- 2 culleres de té de sal mariño
- ¼ cucharadita de pementa negra recén moída

Enderezo:

Enche o inserto da cociña lenta con 2 culleradas de aceite de oliva. Coloque as verduras en rodajas, ralladas e en cuña alternativamente no inserto da cociña lenta. Unta o perexil sobre as verduras e condimenta con albahaca, allo, sal e pementa negra. Regar co resto do aceite de oliva. Pecha e cociña a BAIXO durante 7 horas ata que as verduras estean tenras. Transferir as verduras a un prato e servir quente.

Nutrición (por 100 g): 265 Calorías 1,7 g Graxa 13,7 g Carbohidratos 8,3 g Proteína 800 mg Sodio

Gemista

Tempo de preparación: 15 minutos.

Tempo de cocción: 4 horas.

Porcións: 4

Nivel de dificultade: medio

Ingredientes:

- 2 culleradas de aceite de oliva virxe extra
- 4 pementos grandes, de calquera cor
- ½ cunca de cuscús cru
- 1 cucharadita de ourego
- 1 dente de allo picado
- 1 cunca de queixo feta desmenuzado
- 1 lata (15 onzas/425 g) de feixóns cannellini, lavados e escurridos
- sal e pementa a gusto
- 1 rodajas de limón
- 4 cebolas verdes, partes brancas e verdes separadas, cortadas en rodajas finas

Enderezo:

Cortar unha porción de ½ polgada baixo o talo da parte superior do pemento. Desbotar só o talo e cortar a parte superior debaixo do talo e reservar nun bol. Vaciar o pemento con unha culler. Untar a cociña lenta con aceite.

Engade o resto dos ingredientes, excepto as partes verdes da cebola verde e os anacos de limón, á cunca encima do pemento morrón picado. Mesturar para mesturar ben. Despeje a mestura no pemento oco e coloque os pementos recheos na cociña lenta, despois regamos con máis aceite de oliva.

Sela a tapa da cociña lenta e cociña a ALTA 4 horas ou ata que os pementos estean brandos.

Retire os pementos morróns da cociña lenta e serve nun prato. Espolvoreo coas partes verdes das cebolas verdes e espreme as rodajas de limón por riba antes de servir.

Nutrición (por 100 g): 246 Calorías 9 g Graxa 6,5 g Carbohidratos 11,1 g Proteína 698 mg Sodio

rolos de repolo recheo

Tempo de preparación: 15 minutos.

Tempo de cocción: 2 horas.

Porcións: 4

Nivel de dificultade: Difícil

Ingredientes:

- 4 culleradas de aceite de oliva, divididas
- 1 repolo verde grande, sen núcleo
- 1 cebola amarela grande, picada
- 3 oz (85 g) de queixo feta, desmenuzado
- ½ cunca de groselhas secas
- 3 cuncas de cebada perlada cocida
- 2 culleradas de perexil fresco de folla plana, picado
- 2 culleradas de piñóns tostados
- ½ cucharadita de sal mariño
- ½ cucharadita de pementa negra
- 15 onzas (425 g) de tomate triturado, con zume
- 1 cucharada de vinagre de mazá
- ½ cunca de zume de mazá

Enderezos:

Pincela o inserto da cociña lenta con 2 culleradas de aceite de oliva. Branquear o repolo nunha pota con auga durante 8 minutos. Retírao da auga e déixao de lado, despois separa 16 follas do repolo. Deixa de lado.

Bota o aceite de oliva restante nunha tixola antiadherente e quenta a lume medio. Engade a cebola á tixola e cociña ata que a cebola e o pemento morrón estean tenros. Transferir a cebola a unha cunca.

Engade o feta, a groselha, a cebada, o perexil e os piñóns á cunca de cebola cocida, despois espolvorea con ¼ de cucharadita de sal e ¼ de cucharadita de pementa negra.

Dispoña as follas de repolo nunha superficie de traballo limpa. Coloque 1/3 cunca da mestura no centro de cada prato, despois dobra o bordo sobre a mestura e enrola. Coloque os rolos de repolo na cociña lenta, coa costura cara abaixo.

Engade os ingredientes restantes a unha cunca separada e, a continuación, verte a mestura sobre os rolos de repolo. Sela a tapa da cociña lenta e cociña a ALTA 2 horas. Retire os rolos de repolo da cociña lenta e serve quente.

Nutrición (por 100 g): 383 Calorías 14,7 g Graxa 12,9 g Carbohidratos 10,7 g Proteína 838 mg Sodio

Coles de Bruxelas con glaseado balsámico

Tempo de preparación: 15 minutos.

Tempo de cocción: 2 horas.

Porcións: 6

Nivel de dificultade: medio

Ingredientes:

- glaseado balsámico:
- 1 cunca de vinagre balsámico
- ¼ cunca de mel
- 2 culleradas de aceite de oliva virxe extra
- 2 libras (907 g) de coles de Bruxelas, cortadas e cortadas á metade
- 2 cuncas de sopa de vexetais baixa en sodio
- 1 cucharadita de sal mariño
- Pementa negra recén moída, ao gusto
- ¼ cunca de queixo parmesano relado
- ¼ cunca de piñóns

Enderezos:

Prepara o glaseado balsámico: mestura o vinagre balsámico e o mel nunha cazola. Mesturar para mesturar ben. Poñer a ferver a lume medio-alto. Baixa o lume ao mínimo, despois cociña durante 20 minutos ou ata que o esmalte reduza á metade e espese. Poña un pouco de aceite de oliva dentro da cociña lenta.

Poña as coles de Bruxelas, a sopa de verduras e ½ cucharadita de sal na cociña lenta, mestura para combinar. Sela a tapa da cociña lenta e cociña a ALTA 2 horas ata que as coles de Bruxelas estean tenras.

Dispoñemos as coles de Bruxelas nun prato e espolvoreo co resto de sal e pementa negra para condimentar. Estender o esmalte balsámico sobre as coles de Bruxelas, despois servir con parmesano e piñóns.

Nutrición (por 100 g): 270 Calorías 10,6 g Graxa 6,9 g Carbohidratos 8,7 g Proteína 693 mg Sodio

Ensalada de espinacas con vinagreta de cítricos

Tempo de preparación: 10 minutos.
Tempo de cociñar: 0 minutos
Porcións: 4
Nivel de dificultade: fácil

Ingredientes:

- Vinagreta de cítricos:
- ¼ cunca de aceite de oliva virxe extra
- 3 culleradas de vinagre balsámico
- ½ cucharadita de ralladura de limón fresco
- ½ cucharadita de sal
- Ensalada:
- 1 libra (454 g) de espinacas bebés, lavadas e cortadas
- 1 tomate maduro grande, cortado en anacos de ¼ de polgada
- 1 cebola vermella mediana, cortada en rodajas finas

Enderezos:

Facer a vinagreta de cítricos: mestura o aceite de oliva, o vinagre balsámico, a reladura de limón e o sal nun bol ata que estean ben mesturados.

Prepare a ensalada: coloque as espinacas, o tomate e as cebolas nunha cunca separada. Cubra a ensalada coa vinagreta de cítricos e bótase suavemente ata que as verduras estean ben cubertas.

Nutrición (por 100 g): 173 Calorías 14,2 g Graxa 4,2 g Carbohidratos 4,1 g Proteína 699 mg Sodio

Ensalada sinxela de apio e laranxa

Tempo de preparación: 15 minutos.
Tempo de cociñar: 0 minutos
Porcións: 6
Nivel de dificultade: fácil

Ingredientes:

- <u>Ensalada:</u>
- 3 talos de apio, incluíndo follas, cortados en diagonal en rodajas de ½ polgada
- ½ cunca de olivas verdes
- ¼ cunca de cebola vermella cortada en rodajas
- 2 laranxas grandes, peladas, cortadas en rodajas
- <u>Vendaxe:</u>
- 1 cullerada de aceite de oliva virxe extra
- 1 cucharada de zume de limón ou laranxa
- 1 cucharada de salmoira de oliva
- ¼ de cucharadita de sal mariño ou kosher
- ¼ cucharadita de pementa negra recén moída

Enderezos:

Preparar a ensalada: Poñer nun bol pouco profundo os tallos de apio, aceitunas verdes, cebola e laranxas. Mesturar ben e deixar repousar.

Prepara o aderezo: Remexe ben o aceite de oliva, o zume de limón, a salmoira, sal e pementa.

Despeje o aderezo na ensaladeira e bótase lixeiramente ata que estea completamente cuberto.

Servir frío ou a temperatura ambiente.

Nutrición (por 100 g): 24 Calorías 1,2 g Graxa 1,2 g Carbohidratos 1,1 g Proteína 813 mg Sodio

Rolos de berinjela fritida

Tempo de preparación: 20 minutos.

Tempo de cociñar: 10 minutos

Porcións: 6

Nivel de dificultade: medio

Ingredientes:

- 2 berenxenas grandes
- 1 cucharadita de sal
- 1 cunca de queixo ricotta relado
- 4 onzas (113 g) de queixo de cabra, relado
- ¼ cunca de albahaca fresca finamente picada
- ½ cucharadita de pementa negra recén moída
- spray de aceite de oliva

Enderezos:

Engade as rodajas de berenxena a un colador e sazona con sal. Deixar repousar de 15 a 20 minutos.

Combina a ricotta e o queixo de cabra, a albahaca e a pementa negra nun bol grande e mestura para combinar. Deixa de lado. Seque as rodajas de berinjela con toallas de papel e rocíe lixeiramente con aceite de oliva.

Quenta unha tixola grande a lume medio e pulveriza lixeiramente con aceite de oliva. Poñer as rodajas de berenxena na tixola e fritir por cada lado durante 3 minutos ata que estean douradas.

Retire do lume a un prato forrado con papel absorbente e deixe repousar durante 5 minutos. Facer os rolos de berinjela: Dispoña as rodajas de berinjela nunha superficie plana e cubra cada rebanada cunha culler de sopa da mestura de queixo preparada. Enróllaos e sérvelos inmediatamente.

Nutrición (por 100 g): 254 Calorías 14,9 g Graxa 7,1 g Carbohidratos 15,3 g Proteína 612 mg Sodio

Bol de verduras á prancha e arroz integral

Tempo de preparación: 15 minutos.

Tempo de cociñar: 20 minutos

Porcións: 4

Nivel de dificultade: medio

Ingredientes:

- 2 cuncas de floretes de coliflor
- 2 cuncas de floretes de brócoli
- 1 lata (15 onzas / 425 g) de garavanzos
- 1 cunca de cenoria en rodajas (aproximadamente 1 polgada de espesor)
- 2 a 3 culleradas de aceite de oliva virxe extra, divididas
- Sal e pementa negra a gusto
- Spray de cociña antiadherente
- 2 cuncas de arroz integral cocido
- 3 culleradas de sementes de sésamo
- <u>Vendaxe:</u>
- 3 a 4 culleradas de tahini
- 2 culleradas de mel
- zume de 1 limón
- 1 dente de allo picado
- Sal e pementa negra a gusto

Enderezos:

Prepare o forno a 400ºF (205ºC). Rocíe dúas placas de forno con spray de cociña antiadherente.

Estender a coliflor e o brócoli na primeira bandexa de forno e na segunda cos garavanzos e as rodajas de cenoria.

Regar cada folla coa metade do aceite de oliva e espolvorear con sal e pementa. Mesturar para cubrir ben.

Asar os garavanzos e as rodajas de cenoria no forno precalentado durante 10 minutos, asar as cenorias tenras e crocantes, e a coliflor e o brócoli durante 20 minutos ata que estean tenras. Mesturar unha vez a metade do tempo de cocción.

Mentres tanto, fai o aderezo: mestura o tahini, o mel, o zume de limón, o allo, o sal e a pementa nunha cunca pequena.

Divide o arroz integral cocido entre catro cuncas. Cubra cada cunca uniformemente con verduras asadas e aderezo. Espolvoreo sementes de sésamo por riba para decorar antes de servir.

Nutrición (por 100 g): 453 Calorías 17,8 g Graxa 11,2 g Carbohidratos 12,1 g Proteína 793 mg Sodio

Hash de coliflor con cenoria

Tempo de preparación: 10 minutos.

Tempo de cociñar: 10 minutos

Porcións: 4

Nivel de dificultade: fácil

Ingredientes:

- 3 culleradas de aceite de oliva virxe extra
- 1 cebola grande picada
- 1 cucharada de allo picado
- 2 cuncas de cenorias picadas
- 4 cuncas de floretes de coliflor
- ½ cucharadita de comiño moído
- 1 cucharadita de sal

Enderezos:

Cociña o aceite de oliva a lume medio. Mestura a cebola e o allo e frite durante 1 minuto. Engadir as cenorias e fritir durante 3 minutos. Engade as flores de coliflor, o comiño e o sal e mestura para combinar.

Cubra e cociña durante 3 minutos ata que estean lixeiramente dourados. Revolver ben e cociñar, sen tapar, durante 3 ou 4 minutos, ata que estea suave. Retirar do lume e servir quente.

Nutrición (por 100 g): 158 Calorías 10,8 g Graxa 5,1 g Carbohidratos 3,1 g Proteína 813 mg Sodio

Cubos de cabaciño con allo e menta

Tempo de preparación: 5 minutos.

Tempo de cociñar: 10 minutos

Porcións: 4

Nivel de dificultade: fácil

Ingredientes:

- 3 calabacíns verdes grandes
- 3 culleradas de aceite de oliva virxe extra
- 1 cebola grande picada
- 3 dentes de allo, picados
- 1 cucharadita de sal
- 1 cucharadita de menta seca

Enderezos:

Cociña o aceite de oliva nunha tixola grande a lume medio.

Combina a cebola e o allo e refoga durante 3 minutos, mexendo constantemente, ou ata que estean suaves.

Engade cubos de calabacín e sal e cociña durante 5 minutos, ou ata que o calabacín estea dourado e tenro.

Engade a menta á tixola e mestura para combinar, despois continúa a cociñar durante 2 minutos. Servir quente.

Nutrición (por 100 g): 146 Calorías 10,6 g Graxa 3 g Carbohidratos 4,2 g Proteína 789 mg Sodio

Bol de cabaciño e alcachofa con faro

Tempo de preparación: 15 minutos.

Tempo de cociñar: 10 minutos

Porcións: 6

Nivel de dificultade: fácil

Ingredientes:

- 1/3 cunca de aceite de oliva virxe extra
- 1/3 cunca de cebola vermella picada
- ½ cunca de pemento vermello picado
- 2 dentes de allo picados
- 1 cunca de calabacín, cortado en rodajas de ½ polgada de grosor
- ½ cunca de alcachofas picadas grosamente
- ½ cunca de garavanzos enlatados, escurridos e lavados
- 3 cuncas de faro cocido
- Sal e pementa negra a gusto
- ½ cunca de queixo feta desmenuzado, para servir (opcional)
- ¼ cunca de aceitunas en rodajas, para servir (opcional)
- 2 culleradas de albahaca fresca, gasa, para servir (opcional)
- 3 culleradas de vinagre balsámico, para servir (opcional)

Enderezos:

Quenta o aceite de oliva nunha tixola grande a lume medio ata que brille. Combina as cebolas, o pemento morrón e o allo e refoga durante 5 minutos, mexendo de vez en cando, ata que estean suaves.

Engade as rodajas de cabaciño, as alcachofas e os garavanzos e saltee uns 5 minutos ata que estean lixeiramente tenros. Engade o faro cocido e mestura ata que se quente. Espolvoreo con sal e pementa para condimentar.

Divide a mestura en cuncas. Cubra cada cunca uniformemente con feta, rodajas de oliva e albahaca e espolvoree con vinagre balsámico, se o desexa.

Nutrición (por 100 g): 366 Calorías 19,9 g Grasa 9 g Carbohidratos 9,3 g Proteína 819 mg Sodio

5 Ingredientes Buñuelos de Calabacín

Tempo de preparación: 15 minutos.

Tempo de cociñar: 5 minutos

Porcións: 14

Nivel de dificultade: medio

Ingredientes:

- 4 cuncas de calabacín relado
- Sal a gusto
- 2 ovos grandes, lixeiramente batidos
- 1/3 cunca de cebollino en rodajas
- 2/3 de fariña para todo uso
- 1/8 cucharadita de pementa negra
- 2 culleradas de aceite de oliva

Enderezos:

Coloque o cabaciño relado nun colador e sazone lixeiramente con sal. Deixar repousar durante 10 minutos. Colle o máximo de líquido posible do calabacín relado.

Bota o calabacín relado nun bol. Engade os ovos batidos, o ceboliño, a fariña, o sal e a pementa e remove ata que estea ben combinado.

Quenta o aceite de oliva nunha tixola grande a lume medio ata que quente.

Deixa caer 3 culleradas da mestura de calabacín na tixola quente para facer cada buñuelo, fixándoos lixeiramente en rolos e separados uns 2 polgadas.

Cociña de 2 a 3 minutos. Xire os buñuelos de calabacín e cociña durante 2 minutos máis ou ata que estean dourados e cocidos.

Retirar do lume a un prato forrado con toallas de papel. Repita coa mestura de calabacín restante. Servir quente.

Nutrición (por 100 g): 113 Calorías 6,1 g Grasa 9 g Carbohidratos 4 g Proteína 793 mg Sodio

Tagine marroquí con verduras

Tempo de preparación: 20 minutos.

Tempo de cociñar: 40 minutos

Porcións: 2

Nivel de dificultade: medio

Ingredientes:

- 2 culleradas de aceite de oliva
- ½ cebola picada
- 1 dente de allo picado
- 2 cuncas de floretes de coliflor
- 1 cenoria mediana, cortada en anacos de 1 polgada
- 1 cunca de berinjela cortada en dados
- 1 lata de tomates enteiros con zume
- 1 lata (15 onzas / 425 g) de garavanzos
- 2 patacas vermellas pequenas
- 1 cunca de auga
- 1 cucharadita de xarope de bordo puro
- ½ cucharadita de canela
- ½ cucharadita de cúrcuma
- 1 cucharadita de comiño
- ½ cucharadita de sal
- 1 a 2 culleres de té de pasta de harissa

Enderezos:

Nunha pota, quenta o aceite de oliva a lume medio-alto. Frite a cebola durante 5 minutos, mexendo ocasionalmente, ou ata que a cebola estea translúcida.

Engade o allo, as flores de coliflor, a cenoria, a berinjela, os tomates e as patacas. Esmaga os tomates cunha culler de madeira en anacos máis pequenos.

Engade os garavanzos, a auga, o xarope de bordo, a canela, a cúrcuma, o comiño e o sal e remove para incorporar. deixar ferver

Unha vez feito, reduce o lume a medio-baixo. Engade a pasta de harissa, cubra e cociña durante uns 40 minutos ou ata que as verduras estean suaves. Proba e axusta o condimento segundo sexa necesario. Deixalo repousar antes de servir.

Nutrición (por 100 g): 293 Calorías 9,9 g Graxa 12,1 g Carbohidratos 11,2 g Proteínas 811 mg Sodio

Envolturas de garavanzos e leituga con apio

Tempo de preparación: 10 minutos.
Tempo de cociñar: 0 minutos
Porcións: 4
Nivel de dificultade: fácil

Ingredientes:

- 1 lata (15 onzas / 425 g) de garavanzos baixos en sodio
- 1 tallo de apio, cortado en rodajas finas
- 2 culleres de sopa de cebola vermella picada finamente
- 2 culleradas de tahini sen sal
- 3 culleradas de mostaza e mel
- 1 cullerada de alcaparras, sen escurrir
- 12 follas de leituga de manteiga

Enderezos:

Nunha cunca, trituramos os garavanzos cun triturador de patacas ou a parte traseira dun garfo ata que estean case lisos. Engade o apio, a cebola vermella, o tahini, a mostaza e as alcaparras ao bol e remove ata que estean ben incorporados.

Para cada porción, coloque tres follas de leituga nun prato e cubra con ¼ do recheo de hummus, despois enrola. Repita co resto das follas de leituga e a mestura de garavanzos.

Nutrición (por 100 g): 182 Calorías 7,1 g Graxa 3 g Carbohidratos 10,3 g Proteína 743 mg Sodio

Brochetas de verduras á prancha

Tempo de preparación: 15 minutos.
Tempo de cociñar: 10 minutos
Porcións: 4
Nivel de dificultade: fácil

Ingredientes:

- 4 cebolas vermellas medianas, peladas e cortadas en 6 anacos
- 4 calabacíns medianos, cortados en rodajas de 1 polgada de grosor
- 2 filetes de tomate, cortados en cuartos
- 4 pementos vermellos
- 2 pementos morrón laranxa
- 2 pementos amarelos
- 2 culleres de sopa máis 1 cucharadita de aceite de oliva

Enderezos:

Prequentar a grella a lume medio-alto. Perforar as verduras alternando cebola vermella, cabaciña, tomate e pementos de diferentes cores. Untar con 2 culleradas de aceite de oliva.

Untar as reixas da grella con 1 cucharadita de aceite de oliva e asar as brochetas de verduras durante 5 minutos. Xire os pinchos e grella durante 5 minutos máis ou ata que estean cocidos ao seu gusto. Deixamos arrefriar os pinchos durante 5 minutos antes de servir.

Nutrición (por 100 g): 115 Calorías 3 g Graxa 4,7 g Carbohidratos 3,5 g Proteína 647 mg Sodio

Cogomelos Portobello recheos con tomate

Tempo de preparación: 10 minutos.

Tempo de cociñar: 15 minutos

Porcións: 4

Nivel de dificultade: medio

Ingredientes:

- 4 tapas grandes de cogomelo portobello
- 3 culleradas de aceite de oliva virxe extra
- Sal e pementa negra a gusto
- 4 tomates secos
- 1 cunca de queixo mozzarella ralado, dividido
- ½ a ¾ cunca de salsa de tomate baixa en sodio

Enderezos:

Prequentar a grella a lume alto. Poñer as tapas de cogomelos nunha tixola de forno e regar con aceite de oliva. Espolvoreo con sal e pementa. Grella durante 10 minutos, dándolle voltas ás tapas dos cogomelos á metade, ata que estean lixeiramente douradas por riba.

Retirar da grella. Bota 1 tomate, 2 culleradas de queixo e 2 ou 3 culleradas de salsa en cada tapa de cogomelo. Volve as tapas dos cogomelos á grella e continúa á grella durante 2 ou 3 minutos. Deixamos arrefriar 5 minutos antes de servir.

Nutrición (por 100 g): 217 Calorías 15,8 g Graxa 9 g Carbohidratos 11,2 g Proteína 793 mg Sodio

Follas de dente de león marchitas con cebola doce

Tempo de preparación: 15 minutos.
Tempo de cociñar: 15 minutos
Porcións: 4
Nivel de dificultade: fácil

Ingredientes:

- 1 cullerada de aceite de oliva virxe extra
- 2 dentes de allo picados
- 1 cebola Vidalia, cortada en rodajas finas
- ½ cunca de caldo vexetal baixo en sodio
- 2 acios de follas de dente de león, picadas
- Pementa negra recén moída, ao gusto

Enderezos:

Quenta o aceite de oliva nunha tixola grande a lume lento. Engade allo e cebola e cociña de 2 a 3 minutos, mexendo ocasionalmente, ou ata que a cebola estea translúcida.

Engade o caldo de vexetais e as verduras de dente de león e cociña durante 5 a 7 minutos ata que estean suaves, mexendo con frecuencia. Espolvoreo con pementa negra e serve nun prato quente.

Nutrición (por 100 g): 81 Calorías 3,9 g Grasa 4 g Carbohidratos 3,2 g Proteína 693 mg Sodio

Apio e mostaza

Tempo de preparación: 10 minutos.
Tempo de cociñar: 15 minutos
Porcións: 4
Nivel de dificultade: medio

Ingredientes:

- ½ cunca de caldo vexetal baixo en sodio
- 1 tallo de apio, picado grosamente
- ½ cebola doce picada
- ½ pemento vermello grande, cortado en rodajas finas
- 2 dentes de allo picados
- 1 montón de mostazas picadas

Enderezos:

Despeje o caldo de verduras nunha tixola grande de ferro fundido e deixe ferver a lume medio. Engade o apio, a cebola, o pemento morrón e o allo. Cociña sen tapar uns 3 a 5 minutos.

Engade as verduras de mostaza á tixola e mestura ben. Reduce o lume e cociña ata que o líquido se evapore e as verduras se amolecen. Retirar do lume e servir quente.

Nutrición (por 100 g): 39 Calorías 3,1 g Proteínas 6,8 g Carbohidratos 3 g Proteínas 736 mg Sodio

Revolto de vexetais e tofu

Tempo de preparación: 5 minutos.

Tempo de cociñar: 10 minutos

Porcións: 2

Nivel de dificultade: fácil

Ingredientes:

- 2 culleradas de aceite de oliva virxe extra
- ½ cebola vermella, finamente picada
- 1 cunca de col rizada picada
- 8 onzas (227 g) de cogomelos, cortados en rodajas
- 8 onzas (227 g) de tofu, cortado en anacos
- 2 dentes de allo picados
- 1 pitada de flocos de pemento vermello
- ½ cucharadita de sal mariño
- 1/8 cucharadita de pementa negra recén moída

Enderezos:

Cociña o aceite de oliva nunha tixola antiadherente mediana a lume medio-alto ata que brille. Engade a cebola, a col rizada e os cogomelos á tixola. Cociñar e remover irregularmente, ou ata que as verduras comecen a dourarse.

Engade o tofu e frite durante 3 ou 4 minutos ata que estea amolecido. Engade o allo, os flocos de pementa vermella, o sal e a pementa negra e cociña durante 30 segundos. Deixalo repousar antes de servir.

Nutrición (por 100 g): 233 Calorías 15,9 g Graxa 2 g Carbohidratos 13,4 g Proteína 733 mg Sodio

zoodles sinxelos

Tempo de preparación: 10 minutos.

Tempo de cociñar: 5 minutos

Porcións: 2

Nivel de dificultade: fácil

Ingredientes:

- 2 culleradas de aceite de aguacate
- 2 calabacíns medianos, en espiral
- ¼ cucharadita de sal
- Pementa negra recén moída, ao gusto

Enderezos:

Quenta o aceite de aguacate nunha tixola grande a lume medio ata que brille. Engade os fideos de calabacín, sal e pementa negra á tixola e bótaos para cubrir. Cociña e remove continuamente, ata que estea tenra. Servir quente.

Nutrición (por 100 g): 128 Calorías 14 g Graxa 0,3 g Carbohidratos 0,3 g Proteína 811 mg Sodio

Wraps de lentellas e brotes de tomate

Tempo de preparación: 15 minutos.

Tempo de cociñar: 0 minutos

Porcións: 4

Nivel de dificultade: fácil

Ingredientes:

- 2 cuncas de lentellas cocidas
- 5 tomates Roma cortados en dados
- ½ cunca de queixo feta desmenuzado
- 10 follas grandes de albahaca fresca, cortadas en rodajas finas
- ¼ cunca de aceite de oliva virxe extra
- 1 cucharada de vinagre balsámico
- 2 dentes de allo picados
- ½ cucharadita de mel cru
- ½ cucharadita de sal
- ¼ cucharadita de pementa negra recén moída
- 4 follas grandes de repolo, eliminadas os talos

Enderezos:

Combina as lentellas, os tomates, o queixo, as follas de albahaca, o aceite de oliva, o vinagre, o allo, o mel, o sal e a pementa negra e mestura ben.

Coloque as follas de repolo nunha superficie plana de traballo. Despeje cantidades iguais da mestura de lentellas nos bordos das cascas. Enróllaos e córtaos pola metade para servir.

Nutrición (por 100 g): 318 Calorías 17,6 g Graxa 27,5 g Carbohidratos 13,2 g Proteína 800 mg Sodio

Bol de verduras mediterránea

Tempo de preparación: 10 minutos.

Tempo de cociñar: 20 minutos

Porcións: 4

Nivel de dificultade: medio

Ingredientes:

- 2 cuncas de auga
- 1 cunca #3 de trigo bulgur ou quinoa, enxágüe
- 1½ cucharaditas de sal, divididas
- 1 pinta (2 cuncas) de tomates cherry, cortados á metade
- 1 pemento morrón grande, picado
- 1 pepino grande, picado
- 1 cunca de aceitunas Kalamata
- ½ cunca de zume de limón recén espremido
- 1 cunca de aceite de oliva virxe extra
- ½ cucharadita de pementa negra recén moída

Enderezos:

Poña auga a ferver nunha cazola mediana a lume medio. Engade o bulgur (ou quinoa) e 1 cucharadita de sal. Cubra e cociña durante 15 a 20 minutos.

Para organizar as verduras nas túas 4 cuncas, divida visualmente cada cunca en 5 secciòns. Dispoña o bulgur cocido nunha sección. Seguir cos tomates, o pemento morrón, os pepinos e as olivas.

Mestura o zume de limón, o aceite de oliva, a media cucharadita de sal restante e a pementa negra.

Despeje uniformemente o aderezo sobre as 4 cuncas. Servir inmediatamente ou cubrir e refrixerar para máis tarde.

Nutrición (por 100 g): 772 Calorías 9 g Graxa 6 g Proteína 41 g Carbohidratos 944 mg Sodio

Verduras asadas e envoltura de hummus

Tempo de preparación: 15 minutos.

Tempo de cociñar: 10 minutos

Porcións: 6

Nivel de dificultade: medio

Ingredientes:

- 1 berinjela grande
- 1 cebola grande
- ½ cunca de aceite de oliva virxe extra
- 1 cucharadita de sal
- 6 rolos de lavash ou pan de pita grande
- 1 cunca de hummus cremoso tradicional

Enderezos:

Prequentar unha grella, unha tixola grande ou unha tixola grande lixeiramente engrasada a lume medio. Cortar a berenxena e a cebola en círculos. Untamos as verduras con aceite de oliva e espolvoreamos con sal.

Cociña as verduras polos dous lados, uns 3 ou 4 minutos por lado. Para facer o envoltorio, coloque o lavash ou a pita plana. Coloque unhas 2 culleradas de hummus no envoltorio.

Divida uniformemente as verduras entre os envoltorios, colocándoas en capas ao longo dun lado do envoltorio. Dobra suavemente o lado da envoltura coas verduras, metándoas dentro e facendo un envoltorio axustado.

Coloque a costura do envoltorio e córtao pola metade ou por terceiras partes.

Tamén podes envolver cada bocadillo nunha envoltura de plástico para que manteña a súa forma para comer máis tarde.

Nutrición (por 100 g): 362 Calorías 10 g Grasa 28 g Carbohidratos 15 g Proteína 736 mg Sodio

Xudías Verdes Españolas

Tempo de preparación: 10 minutos.
Tempo de cociñar: 20 minutos
Porcións: 4
Nivel de dificultade: fácil

Ingredientes:

- ¼ cunca de aceite de oliva virxe extra
- 1 cebola grande picada
- 4 dentes de allo finamente picados
- 1 libra de xudías verdes, frescas ou conxeladas, cortadas
- 1½ cucharaditas de sal, divididas
- 1 lata (15 onzas) de tomates cortados en dados
- ½ cucharadita de pementa negra recén moída

Enderezos:

Quenta o aceite de oliva, a cebola e o allo; cociñar 1 minuto. Cortar as xudías verdes en anacos de 2 polgadas. Engade as xudías verdes e 1 cucharadita de sal á pota e mestura todo; cociña 3 minutos. Engade os tomates cortados en dados, a media cucharadita de sal restante e a pementa negra á pota; continúa a cocción durante 12 minutos máis, mexendo de vez en cando. Servir quente.

Nutrición (por 100 g): 200 Calorías 12 g Grasa 18 g Carbohidratos 4 g Proteína 639 mg Sodio

Hash rústico de coliflor e cenoria

Tempo de preparación: 10 minutos.
Tempo de cociñar: 10 minutos
Porcións: 4
Nivel de dificultade: fácil

Ingredientes:

- 3 culleradas de aceite de oliva virxe extra
- 1 cebola grande picada
- 1 cucharada de allo picado
- 2 cuncas de cenoria cortada en dados
- 4 cuncas de anacos de coliflor, lavados
- 1 cucharadita de sal
- ½ cucharadita de comiño moído

Enderezos:

Cociña o aceite de oliva, a cebola, o allo e as cenorias durante 3 minutos. Cortar a coliflor en anacos de 1 polgada ou do tamaño dun bocado. Engade a coliflor, o sal e o comiño á tixola e mestura para combinar coas cenorias e as cebolas.

Cubra e cociña durante 3 minutos. Engade as verduras e continúa a cociñar por outros 3 ou 4 minutos. Servir quente.

Nutrición (por 100 g): 159 Calorías 17 g Grasa 15 g Carbohidratos 3 g Proteína 569 mg Sodio

Coliflor e tomate asados

Tempo de preparación: 5 minutos.

Tempo de cociñar: 25 minutos

Porcións: 4

Nivel de dificultade: medio

Ingredientes:

- 4 cuncas de coliflor, cortada en anacos de 1 polgada
- 6 culleradas de aceite de oliva virxe extra, divididas
- 1 cucharadita de sal, dividida
- 4 cuncas de tomates cherry
- ½ cucharadita de pementa negra recén moída
- ½ cunca de queixo parmesano relado

Enderezos:

Prequenta o forno a 425 ° F. Engade a coliflor, 3 culleradas de aceite de oliva e ½ cucharadita de sal a unha cunca grande e mestura para cubrir uniformemente. Colócao nunha placa de forno nunha capa uniforme.

Noutro recipiente grande, engade os tomates, as 3 culleradas de aceite de oliva restantes e ½ cucharadita de sal, e bótaos para cubrir uniformemente. Despeje nunha tixola diferente. Coloque a folla de coliflor e a folla de tomate no forno para asar durante 17 a 20 minutos ata que a coliflor estea lixeiramente dourada e os tomates estean gordos.

Usando unha espátula, dispoña a coliflor nun prato de servir e cubra con tomate, pementa negra e queixo parmesano. Servir quente.

Nutrición (por 100 g): 294 Calorías 14 g Grasa 13 g Carbohidratos 9 g Proteína 493 mg Sodio

Cabaza de landra asada

Tempo de preparación: 10 minutos.

Tempo de cociñar: 35 minutos

Porcións: 6

Nivel de dificultade: medio

Ingredientes:

- 2 cabaciñas, medianas a grandes
- 2 culleradas de aceite de oliva virxe extra
- 1 cucharadita de sal, máis máis para condimentar
- 5 culleradas de manteiga sen sal
- ¼ cunca de follas de salvia picadas
- 2 culleres de sopa de follas de tomiño fresco
- ½ cucharadita de pementa negra recén moída

Enderezos:

Prequenta o forno a 400 ° F. Corta a cabaciña de landra pola metade lonxitudinalmente. Raspe as sementes e corte horizontalmente en rodajas de ¾ de polgada de grosor. Nunha cunca grande, botamos a cabaciña co aceite de oliva, espolvoreamos con sal e bótamos para cubrir.

Coloque a cabaciña de landra nunha tixola de forno. Poñer na tixola no forno e cocer a cabaciña durante 20 minutos. Volta a cabaciña cunha espátula e enforna durante 15 minutos máis.

Ablanda a manteiga nunha pota mediana a lume medio. Engadir a salvia e o tomiño á manteiga derretida e deixar cocer durante 30 segundos. Transferir as rodajas de cabaciña cocidas a un prato. Despeje a mestura de manteiga/herbas sobre a cabaciña. Sazonar con sal e pementa negra. Servir quente.

Nutrición (por 100 g): 188 Calorías 13 g Grasa 16 g Carbohidratos 1 g Proteína 836 mg Sodio

Espinacas Salteadas Con Allo

Tempo de preparación: 5 minutos.

Tempo de cociñar: 10 minutos

Porcións: 4

Nivel de dificultade: fácil

Ingredientes:

- ¼ cunca de aceite de oliva virxe extra
- 1 cebola grande, cortada en rodajas finas
- 3 dentes de allo, picados
- 6 bolsas (1 libra) de espinacas bebés, lavadas
- ½ cucharadita de sal
- 1 limón cortado en anacos

Enderezos:

Cociña o aceite de oliva, a cebola e o allo nunha tixola grande durante 2 minutos a lume medio. Engade unha bolsa de espinacas e ½ cucharadita de sal. Cubra a tixola e deixe que as espinacas se marchiten durante 30 segundos. Repita (omitindo o sal), engadindo 1 bolsa de espinacas á vez.

Cando se engaden todas as espinacas, retira a tapa e cociña durante 3 minutos, deixando que se evapore parte da humidade. Servir quente coa ralladura de limón por riba.

Nutrición (por 100 g): 301 Calorías 12 g Grasa 29 g Carbohidratos 17 g Proteína 639 mg Sodio

Calabacín de allo salteado con menta

Tempo de preparación: 5 minutos.

Tempo de cociñar: 10 minutos

Porcións: 4

Nivel de dificultade: fácil

Ingredientes:

- 3 calabacíns verdes grandes
- 3 culleradas de aceite de oliva virxe extra
- 1 cebola grande picada
- 3 dentes de allo, picados
- 1 cucharadita de sal
- 1 cucharadita de menta seca

Enderezos:

Cortar o calabacín en cubos de ½ polgada. Cociña o aceite de oliva, a cebola e o allo durante 3 minutos, mexendo constantemente.

Engade o cabaciño e o sal á tixola e bótao para combinar coa cebola e o allo, cociñando durante 5 minutos. Engade a menta á tixola, mexendo para combinar. Cociña outros 2 minutos. Servir quente.

Nutrición (por 100 g): 147 Calorías 16 g Grasa 12 g Carbohidratos 4 g Proteína 723 mg Sodio

okra guisada

Tempo de preparación: 55 minutos

Tempo de cociñar: 25 minutos

Porcións: 4

Nivel de dificultade: fácil

Ingredientes:

- ¼ cunca de aceite de oliva virxe extra
- 1 cebola grande picada
- 4 dentes de allo finamente picados
- 1 cucharadita de sal
- 1 libra de okra fresca ou conxelada, limpa
- 1 lata (15 onzas) de salsa de tomate simple
- 2 cuncas de auga
- ½ cunca de cilantro fresco, finamente picado
- ½ cucharadita de pementa negra recén moída

Enderezos:

Mestura e cociña o aceite de oliva, a cebola, o allo e o sal durante 1 minuto. Engade o okra e cociña durante 3 minutos.

Engade salsa de tomate, auga, cilantro e pementa negra; mexa, cubra e cociña durante 15 minutos, mexendo de vez en cando. Servir quente.

Nutrición (por 100 g): 201 Calorías 6 g Grasa 18 g Carbohidratos 4 g Proteína 693 mg Sodio

Pementos recheos de vexetais doces

Tempo de preparación: 20 minutos.

Tempo de cociñar: 30 minutos

Porcións: 6

Nivel de dificultade: medio

Ingredientes:

- 6 pementos grandes, de diferentes cores
- 3 culleradas de aceite de oliva virxe extra
- 1 cebola grande picada
- 3 dentes de allo, picados
- 1 cenoria picada
- 1 lata (16 onzas) de garavanzos, lavados e escurridos
- 3 cuncas de arroz cocido
- 1½ cucharaditas de sal
- ½ cucharadita de pementa negra recén moída

Enderezos:

Prequenta o forno a 350 ° F. Asegúrate de escoller pementos que poidan estar en posición vertical. Cortar o tapón de pementa e eliminar as sementes, reservando o tapón para máis tarde. Coloque os pementos nunha fonte de forno.

Quenta o aceite de oliva, a cebola, o allo e as cenorias durante 3 minutos. Engadir os garavanzos. Cociña outros 3 minutos. Retirar da pota do lume e botar os ingredientes cocidos nunha cunca grande. Engade arroz, sal e pementa; remover para combinar.

Encha cada pemento ata a parte superior e, a continuación, coloque as tapas de pementa. Forra a fonte con papel de aluminio e coce durante 25 minutos. Retira a folla e coce por outros 5 minutos. Servir quente.

Nutrición (por 100 g): 301 Calorías 15 g Grasa 50 g Carbohidratos 8 g Proteína 803 mg Sodio

Moussaka de berinjela

Tempo de preparación: 55 minutos

Tempo de cociñar: 40 minutos

Porcións: 6

Nivel de dificultade: Difícil

Ingredientes:

- 2 berenxenas grandes
- 2 culleres de té de sal, divididas
- spray de aceite de oliva
- ¼ cunca de aceite de oliva virxe extra
- 2 cebolas grandes, cortadas en rodajas
- 10 dentes de allo, cortados en rodajas
- 2 latas (15 onzas) de tomates cortados en dados
- 1 lata (16 onzas) de garavanzos, lavados e escurridos
- 1 cucharadita de orégano seco
- ½ cucharadita de pementa negra recén moída

Enderezos:

Cortar a berinjela horizontalmente en discos redondos de ¼ de polgada de espesor. Espolvoreo as rodajas de berinjela con 1 cucharadita de sal e coloque nun colador durante 30 minutos.

Prequenta o forno a 450 ° F. Seca as rodajas de berinjela cunha toalla de papel e pulveriza cada lado con aceite de oliva en spray ou pincela lixeiramente cada lado con aceite de oliva.

Montar a berinjela nunha soa capa nunha tixola. Meter no forno e cocer durante 10 minutos. Despois, usando unha espátula, dálle a volta ás rodajas e enforna durante 10 minutos máis.

Saltear o aceite de oliva, a cebola, o allo e a cucharadita de sal restante. Cociña durante 5 minutos mexendo raramente. Engade os tomates, os garavanzos, o ourego e a pementa negra. Cociña a lume lento durante 12 minutos, mexendo irregularmente.

Usando unha cazola profunda, comeza a facer capas, comezando pola berenxena e despois coa salsa. Repita ata que se usen todos os ingredientes. Ás no forno durante 20 minutos. Retirar do forno e servir quente.

Nutrición (por 100 g): 262 Calorías 11 g Grasa 35 g Carbohidratos 8 g Proteína 723 mg Sodio

Follas de vide recheas de verduras

Tempo de preparación: 50 minutos.

Tempo de cociñar: 45 minutos

Porcións: 8

Nivel de dificultade: medio

Ingredientes:

- 2 cuncas de arroz branco, lavado
- 2 tomates grandes, finamente picados
- 1 cebola grande, finamente picada
- 1 cebola verde finamente picada
- 1 cunca de perexil italiano fresco, finamente picado
- 3 dentes de allo, picados
- 2½ culleres de té de sal
- ½ cucharadita de pementa negra recén moída
- 1 frasco (16 onzas) de follas de uva
- 1 cunca de zume de limón
- ½ cunca de aceite de oliva virxe extra
- 4 a 6 cuncas de auga

Enderezos:

Combina arroz, tomate, cebola, cebola verde, perexil, allo, sal e pementa negra. Escorrer e lavar as follas de vide. Prepare unha pota grande colocando unha capa de follas de uva no fondo. Coloque cada folla plana e corte os talos.

Coloca 2 culleradas da mestura de arroz no fondo de cada folla. Dobra os lados, despois rola o máis axustado posible. Coloque as follas de vide enroladas na pota, aliñando cada folla de vide enrolada. Continúa colocando as follas de vide enroladas en capas.

Despeje suavemente o zume de limón e o aceite de oliva sobre as follas de vide, engadindo auga suficiente para cubrir as follas de vide 1 polgada. Coloque un prato pesado que sexa máis pequeno que a abertura da pota boca abaixo encima das follas da vide. Cubra a pota e cociña as follas a lume medio-baixo durante 45 minutos. Deixar repousar 20 minutos antes de servir. Servir quente ou frío.

Nutrición (por 100 g): 532 Calorías 15 g Grasa 80 g Carbohidratos 12 g Proteína 904 mg Sodio

Rolos de berinjela á prancha

Tempo de preparación: 30 minutos.

Tempo de cociñar: 10 minutos

Porcións: 6

Nivel de dificultade: medio

Ingredientes:

- 2 berenxenas grandes
- 1 cucharadita de sal
- 4 onzas de queixo de cabra
- 1 cunca de ricota
- ¼ cunca de albahaca fresca, finamente picada
- ½ cucharadita de pementa negra recén moída
- spray de aceite de oliva

Enderezos:

Corta a parte superior das berenxenas e córtaas lonxitudinalmente en rodajas de ¼ de polgada de grosor. Espolvoreo as rodajas co sal e coloque a berinjela nun colador durante 15 a 20 minutos.

Bater queixo de cabra, ricota, albahaca e pementa. Prequentar unha grella, unha tixola ou unha tixola lixeiramente untada con aceite a lume medio. Seque as rodajas de berinjela e rocíe lixeiramente con aceite de oliva. Coloque a berenxena na grella, tixola ou tixola e cociña durante 3 minutos por cada lado.

Retira a berenxena do lume e deixa arrefriar durante 5 minutos. Para rolar, coloque unha porción de berinjela plana, coloque unha culler de sopa da mestura de queixo no fondo da porción e enrólase. Servir inmediatamente ou arrefriar ata servir.

Nutrición (por 100 g): 255 Calorías 7 g Grasa 19 g Carbohidratos 15 g Proteína 793 mg Sodio

Buñuelos de calabacín crocantes

Tempo de preparación: 15 minutos.

Tempo de cociñar: 20 minutos

Porcións: 6

Nivel de dificultade: fácil

Ingredientes:

- 2 calabacíns verdes grandes
- 2 culleradas de perexil italiano, finamente picado
- 3 dentes de allo, picados
- 1 cucharadita de sal
- 1 cunca de fariña
- 1 ovo grande, batido
- ½ cunca de auga
- 1 cucharadita de fermento en po
- 3 cuncas de aceite vexetal ou de aguacate

Enderezos:

Rale o cabaciño nun bol grande. Engade o perexil, o allo, o sal, a fariña, o ovo, a auga e o fermento en po ao recipiente e mestura para combinar. Nunha pota grande ou nunha fritidora a lume medio, quenta o aceite a 365 °F.

Botar a masa de buñuelos no aceite quente por culleradas. Volta os buñuelos cunha culler ranurada e frite ata que estean dourados, de 2 a 3 minutos. Coa os buñuelos do aceite e colócaos nun prato forrado con toallas de papel. Servir quente con Tzatziki cremoso ou Hummus tradicional cremoso como salsa.

Nutrición (por 100 g): 446 Calorías 2 g Grasa 19 g Carbohidratos 5 g Proteína 812 mg Sodio

Bolos de queixo de espinacas

Tempo de preparación: 20 minutos.

Tempo de cociñar: 40 minutos

Porcións: 8

Nivel de dificultade: Difícil

Ingredientes:

- 2 culleradas de aceite de oliva virxe extra
- 1 cebola grande picada
- 2 dentes de allo picados
- 3 bolsas (1 libra) de espinacas bebés, lavadas
- 1 cunca de queixo feta
- 1 ovo grande, batido
- follas de follado

Enderezos:

Prequenta o forno a 375 ° F. Quenta o aceite de oliva, a cebola e o allo durante 3 minutos. Engade as espinacas á tixola unha bolsa á vez, permitindo que se marchite entre cada bolsa. Mesturar con pinzas. Cociña durante 4 minutos. Unha vez cocidas as espinacas, escorrer o exceso de líquido da pota.

Nunha tigela grande, mestura o feta, o ovo e as espinacas cocidas. Poñer a masa de follado nun mostrador. Cortar a masa en cadrados de 3 polgadas. Coloque unha culler de sopa da mestura de espinacas no centro dun cadrado de follado. Dobra unha esquina do cadrado ata a esquina diagonal, facendo un triángulo. Preme os bordos do bolo cos dentes dun garfo para selar. Repita ata que se enchen todos os cadrados.

Coloque as tartas nunha tixola de forno forrada de pergamino e coce durante 25 a 30 minutos ou ata que estean douradas. Servir morno ou a temperatura ambiente.

Nutrición (por 100 g): 503 Calorías 6 g Graxa 38 g Carbohidratos 16 g Proteína 836 mg Sodio

bocados de pepino

Tempo de preparación: 5 minutos.

Tempo de cociñar: 0 minutos

Porcións: 12

Nivel de dificultade: fácil

Ingredientes:

- 1 pepino en rodajas
- 8 rebandas de pan integral
- 2 culleradas de queixo crema, suave
- 1 cucharada de ceboliño picado
- ¼ cunca de aguacate, pelado, descascarado e triturado
- 1 cucharadita de mostaza
- Sal e pementa negra a gusto

Enderezos:

Estender o aguacate triturado en cada rebanada de pan, tamén o resto dos ingredientes agás as rebanadas de pepino.

Divide as rebandas de pepino sobre as rebanadas de pan, corta cada rebanada en terceiras partes, colócase nun prato e serve como aperitivo.

Nutrición (por 100 g): 187 Calorías 12,4 g Graxa 4,5 g Carbohidratos 8,2 g Proteína 736 mg Sodio

salsa de iogur

Tempo de preparación: 10 minutos.

Tempo de cociñar: 0 minutos

Porcións: 6

Nivel de dificultade: fácil

Ingredientes:

- 2 cuncas de iogur grego
- 2 culleradas de pistachos tostados e picados
- Un chisco de sal e pementa branca.
- 2 culleradas de menta picada
- 1 cucharada de aceitunas kalamata, picadas e picadas
- ¼ cunca de especias zaatar
- ¼ cunca de sementes de Roma
- 1/3 cunca de aceite de oliva

Enderezos:

Mesturar o iogur cos pistachos e o resto dos ingredientes, bater ben, repartir entre cuncas pequenas e servir con patacas fritas de pita ao lado.

Nutrición (por 100 g): 294 Calorías 18 g Grasa 2 g Carbohidratos 10 g Proteína 593 mg Sodio

espeto de tomate

Tempo de preparación: 10 minutos.

Tempo de cociñar: 10 minutos

Porcións: 6

Nivel de dificultade: fácil

Ingredientes:

- 1 baguette, en rodajas
- 1/3 cunca de albahaca picada
- 6 tomates, cortados en dados
- 2 dentes de allo picados
- Un chisco de sal e pementa negra.
- 1 cucharadita de aceite de oliva
- 1 cucharada de vinagre balsámico
- ½ cucharadita de allo en po
- spray de cociña

Enderezos:

Dispoña as rodajas de baguette nunha tixola de forno forrada de papel pergamino, unta con spray de cociña. Ás durante 10 minutos a 400 graos.

Combina os tomates coa albahaca e o resto dos ingredientes, mestura ben e deixa repousar 10 minutos. Repartir a mestura de tomate en cada rebanada de baguette, dispor todas nun prato e servir.

Nutrición (por 100 g): 162 Calorías 4 g Grasa 29 g Carbohidratos 4 g Proteína 736 mg Sodio

Tomates recheos de aceitunas e queixo

Tempo de preparación: 10 minutos.

Tempo de cociñar: 0 minutos

Porcións: 24

Nivel de dificultade: fácil

Ingredientes:

- 24 tomates cherry, a parte superior cortada e o interior sacado
- 2 culleradas de aceite de oliva
- ¼ cucharadita de flocos de pemento vermello
- ½ cunca de queixo feta, desmenuzado
- 2 culleradas de pasta de oliva negra
- ¼ cunca de menta, rasgada

Enderezos:

Nun bol, mestura a pasta de oliva co resto dos ingredientes agás os tomates cherry e bate ben. Enchemos os tomates cherry con esta mestura, dispoñemos todos nun bol e servimos de aperitivo.

Nutrición (por 100 g): 136 Calorías 8,6 g Graxa 5,6 g Carbohidratos 5,1 g Proteína 648 mg Sodio

tapenade de pementa

Tempo de preparación: 10 minutos.
Tempo de cociñar: 0 minutos
Porcións: 4
Nivel de dificultade: fácil

Ingredientes:

- 7 onzas de pementos vermellos asados, picados
- ½ cunca de parmesano relado
- 1/3 cunca de perexil picado
- 14 onzas de alcachofas enlatadas, escurridas e picadas
- 3 culleradas de aceite de oliva
- ¼ cunca de alcaparras, escurridas
- 1 e ½ cucharada de zume de limón
- 2 dentes de allo picados

Enderezos:

Na túa batidora, combina os pementos vermellos co parmesano e o resto dos ingredientes e pulsa ben. Divídese en cuncas e serve como merenda.

Nutrición (por 100 g): Calorías: 200 Carbohidratos: 5,6 g Grasa: 12,4 g Proteína: 736 g Sodio

falafel de cilantro

Tempo de preparación: 10 minutos.

Tempo de cociñar: 10 minutos

Porcións: 8

Nivel de dificultade: fácil

Ingredientes:

- 1 cunca de garavanzos enlatados
- 1 montón de follas de perexil
- 1 cebola amarela picada
- 5 dentes de allo picados
- 1 cucharadita de cilantro moído
- Un chisco de sal e pementa negra.
- ¼ cucharadita de pementa de caiena
- ¼ de cucharadita de bicarbonato de sodio
- ¼ cucharadita de comiño en po
- 1 cucharadita de zume de limón.
- 3 culleradas de fariña de tapioca
- aceite de oliva para fritir

Enderezos:

No teu procesador de alimentos, combina os feixóns co perexil, a cebola e o resto dos ingredientes excepto o aceite e a fariña e mestura ben. Transferir a mestura a un bol, engadir a fariña, remover ben, formar 16 bolas desta mestura e aplanar un pouco.

Prequentar a tixola a lume medio-alto, engadir os falafels, cociñar 5 minutos por ambos os dous lados, colocar sobre toallas de papel, escurrir o exceso de graxa, dispor nun prato e servir como aperitivo.

Nutrición (por 100 g): 122 Calorías 6,2 g Graxa 12,3 g Carbohidratos 3,1 g Proteína 699 mg Sodio

hummus de pementa vermella

Tempo de preparación: 10 minutos.

Tempo de cociñar: 0 minutos

Porcións: 6

Nivel de dificultade: fácil

Ingredientes:

- 6 onzas de pementos vermellos asados, pelados e picados
- 16 onzas de garavanzos enlatados, escurridos e lavados
- ¼ cunca de iogur grego
- 3 culleradas de pasta de tahini
- zume de 1 limón
- 3 dentes de allo, picados
- 1 cucharada de aceite de oliva
- Un chisco de sal e pementa negra.
- 1 cucharada de perexil picado

Enderezos:

No teu robot de cociña, combina os pementos vermellos co resto dos ingredientes excepto o aceite e o perexil e pulsa ben. Engadir o aceite, pulsar de novo, dividir en cuncas, espolvorear o perexil por enriba e servir como untable de festa.

Nutrición (por 100 g): 255 Calorías 11,4 g Graxa 17,4 g Carbohidratos 6,5 g Proteína 593 mg Sodio

Dip de feixón branco

Tempo de preparación: 10 minutos.

Tempo de cociñar: 0 minutos

Porcións: 4

Nivel de dificultade: fácil

Ingredientes:

- 15 onzas de feixóns mariños enlatados, escurridos e lavados
- 6 onzas de corazóns de alcachofa enlatados, escurridos e cortados en cuartos
- 4 dentes de allo, picados
- 1 cucharada de albahaca picada
- 2 culleradas de aceite de oliva
- Zume de medio limón
- Ralladura de medio limón ralada
- Sal e pementa negra a gusto

Enderezos:

No teu robot de cociña, combina as fabas coas alcachofas e o resto dos ingredientes agás o aceite e pulsa ben. Engade o aceite aos poucos, preme de novo a mestura, divídea en cuncas e serve como salsa de festa.

Nutrición (por 100 g): 27 Calorías 11,7 g Graxa 18,5 g Carbohidratos 16,5 g Proteína 668 mg Sodio

Hummus con cordeiro moído

Tempo de preparación: 10 minutos.

Tempo de cociñar: 15 minutos

Porcións: 8

Nivel de dificultade: fácil

Ingredientes:

- 10 onzas de hummus
- 12 onzas de cordeiro moído
- ½ cunca de sementes de Roma
- ¼ cunca de perexil picado
- 1 cucharada de aceite de oliva
- chips de pita para servir

Enderezos:

Prequentar a tixola a lume medio-alto, cociñar a carne e cocer durante 15 minutos, mexendo con frecuencia. Unta o hummus nun prato, espolvorea o cordeiro moído por todo o resto, espolvorea tamén as sementes de Roma e o perexil e serve con patacas fritas de pita como merenda.

Nutrición (por 100 g): 133 Calorías 9,7 g Graxa 6,4 g Carbohidratos 5,4 g Proteína 659 mg Sodio

salsa de berenxenas

Tempo de preparación: 10 minutos.

Tempo de cociñar: 40 minutos

Porcións: 4

Nivel de dificultade: fácil

Ingredientes:

- 1 berenxena picada cun garfo
- 2 culleres de sopa de pasta de tahini
- 2 culleradas de zume de limón
- 2 dentes de allo picados
- 1 cucharada de aceite de oliva
- Sal e pementa negra a gusto
- 1 cucharada de perexil picado

Enderezos:

Coloque a berinjela nunha tixola, asar a 400 graos F durante 40 minutos, arrefriar, pelar e transferir ao procesador de alimentos. Mesturar o resto dos ingredientes agás o perexil, pulir ben, dividir en cuncas pequenas e servir de aperitivo co perexil espolvoreado por riba.

Nutrición (por 100 g): Calorías: 121 Carbohidratos: 4,3 g Grasa: 1,4 g Proteína: 639 g Sodio

buñuelos de verduras

Tempo de preparación: 10 minutos.

Tempo de cociñar: 10 minutos

Porcións: 8

Nivel de dificultade: fácil

Ingredientes:

- 2 dentes de allo picados
- 2 cebolas amarelas picadas
- 4 ceboliños picados
- 2 cenorias raladas
- 2 culleres de té de comiño moído
- ½ cucharadita de cúrcuma en po
- Sal e pementa negra a gusto
- ¼ de cucharadita de cilantro moído
- 2 culleradas de perexil picado
- ¼ cucharadita de zume de limón
- ½ cunca de fariña de améndoa
- 2 remolachas, peladas e raladas
- 2 ovos batidos
- ¼ cunca de fariña de tapioca
- 3 culleradas de aceite de oliva

Enderezos:

Nunha cunca, mestura o allo coa cebola, a cebola e o resto dos ingredientes agás o aceite, remexe ben e forma buñuelos medianos con esta mestura.

Prequentar a tixola a lume medio-alto, colocar os buñuelos, cociñar 5 minutos por cada lado, dispor nun prato e servir.

Nutrición (por 100 g): 209 Calorías 11,2 g Graxa 4,4 g Carbohidratos 4,8 g Proteína 726 mg Sodio

Albóndigas de cordeiro Bulgur

Tempo de preparación: 10 minutos.

Tempo de cociñar: 15 minutos

Porcións: 6

Nivel de dificultade: fácil

Ingredientes:

- 1 cunca e media de iogur grego
- ½ cucharadita de comiño moído
- 1 cunca de pepino, relado
- ½ cucharadita de allo picado
- Un chisco de sal e pementa negra.
- 1 cunca de bulgur
- 2 cuncas de auga
- 1 libra de cordeiro, moído
- ¼ cunca de perexil picado
- ¼ cunca de chalotes picadas
- ½ cucharadita de pementa de Jamaica, moída
- ½ cucharadita de canela moída
- 1 cucharada de aceite de oliva

Enderezos:

Mesturar o bulgur coa auga, cubrir o recipiente, deixar repousar 10 minutos, escorrer e pasar a un recipiente. Engadir a carne, o iogur e o resto dos ingredientes agás o aceite, remover ben e formar albóndigas medianas con esta mestura. Prequentar a tixola a lume medio-alto, engadir as albóndigas, cocer 7 minutos por cada lado, dispor todas nun prato e servir como aperitivo.

Nutrición (por 100 g): 300 Calorías 9,6 g Graxa 22,6 g Carbohidratos 6,6 g Proteína 644 mg Sodio

bocados de pepino

Tempo de preparación: 10 minutos.

Tempo de cociñar: 0 minutos

Porcións: 12

Nivel de dificultade: fácil

Ingredientes:

- 1 pepino inglés, cortado en 32 rodajas
- 10 onzas de hummus
- 16 tomates cherry, cortados pola metade
- 1 cucharada de perexil picado
- 1 onza de queixo feta, desmenuzado

Enderezos:

Estender hummus en cada rolda de pepino, dividir as metades de tomate en cada unha, espolvorear con queixo e perexil e servir como aperitivo.

Nutrición (por 100 g): 162 Calorías 3,4 g Graxa 6,4 g Carbohidratos 2,4 g Proteína 702 mg Sodio

Aguacate recheo

Tempo de preparación: 10 minutos.

Tempo de cociñar: 0 minutos

Porcións: 2

Nivel de dificultade: fácil

Ingredientes:

- 1 aguacate, cortado pola metade e deshuesado
- 10 onzas de atún enlatado, escurrido
- 2 culleres de sopa de tomates secos, picados
- 1 e ½ culleradas de sopa de pesto de albahaca
- 2 culleradas de aceitunas negras, picadas e picadas
- Sal e pementa negra a gusto
- 2 culleres de té de piñóns tostados e picados
- 1 cucharada de albahaca picada

Enderezos:

Mesturar o atún cos tomates secos e o resto dos ingredientes agás o aguacate e remover. Enche as metades de aguacate coa mestura de atún e serve de aperitivo.

Nutrición (por 100 g): 233 Calorías 9 g Graxa 11,4 g Carbohidratos 5,6 g Proteína 735 mg Sodio

ameixas envoltas

Tempo de preparación: 5 minutos.

Tempo de cociñar: 0 minutos

Porcións: 8

Nivel de dificultade: fácil

Ingredientes:

- 2 onzas de prosciutto, cortado en 16 anacos
- 4 ameixas, cortadas en cuartos
- 1 cucharada de ceboliño picado
- Un chisco de pementa vermella esmagada

Enderezos:

Envolve cada cuarto de ameixa nunha rebanada de prosciutto, colócaos todos nun prato, espolvoreo ceboliño e escamas de pementa por todas partes e serve.

Nutrición (por 100 g): Calorías: 30 Carbohidratos: 1 g Grasa: 4 g Proteína: 439 mg Sodio: 2 g

Feta marinada e alcachofas

Tempo de preparación: 10 minutos, máis 4 horas de inactividade
Tempo de cociñar: 10 minutos
Porcións: 2
Nivel de dificultade: fácil

Ingredientes:

- 4 onzas de queixo feta grego tradicional, cortado en cubos de ½ polgada
- 4 onzas de corazóns de alcachofa escurridos, cortados en cuartos ao longo
- 1/3 cunca de aceite de oliva virxe extra
- Ralladura e zume de 1 limón
- 2 culleradas de romeu fresco picado grosamente
- 2 culleradas de perexil fresco picado
- ½ cucharadita de pementa negra

Enderezos:

Nunha cunca de vidro, combine o feta e os corazóns de alcachofa. Engade o aceite de oliva, a reladura e o zume de limón, o romeu, o perexil e os grans de pementa e bótaos suavemente para cubrir, asegurándote de non esmigar o feta.

Deixamos arrefriar durante 4 horas ou ata 4 días. Retirar da neveira 30 minutos antes de servir.

Nutrición (por 100 g): 235 Calorías 23 g Grasa 1 g Carbohidratos 4 g Proteína 714 mg Sodio

Croquetas de atún

Tempo de preparación: 40 minutos, máis horas para pasar a noite para arrefriar

Tempo de cociñar: 25 minutos

Porcións: 36

Nivel de dificultade: Difícil

Ingredientes:

- 6 culleradas de aceite de oliva virxe extra, máis 1 a 2 cuncas
- 5 culleres de sopa de fariña de améndoa, máis 1 cunca, dividida
- 1¼ cuncas de crema espesa
- 1 lata (4 onzas) de atún aleta amarela envasado en aceite de oliva
- 1 cucharada de cebola vermella picada
- 2 culleres de té de alcaparras picadas
- ½ cucharadita de eneldo seco
- ¼ cucharadita de pementa negra recén moída
- 2 ovos grandes
- 1 cunca de pan relado de panko (ou unha versión sen glute)

Enderezos:

Nunha tixola grande, quenta 6 culleradas de aceite de oliva a lume medio-baixo. Engade 5 culleradas de fariña de améndoa e cociña, mexendo constantemente, ata que se forme unha pasta suave e a fariña estea lixeiramente dourada, de 2 a 3 minutos.

Seleccione o lume a medio-alto e bata gradualmente a nata espesa, batendo constantemente ata que estea completamente suave e espesa, outros 4 a 5 minutos. Retirar e engadir o atún, a cebola vermella, as alcaparras, o endro e o pemento.

Transfire a mestura a unha fonte cadrada de 8 polgadas que estea ben recuberta con aceite de oliva e reserva a temperatura ambiente. Envolver e arrefriar durante 4 horas ou ata durante a noite. Para formar as croquetas, dispoñemos tres cuncas. Nunha, bate os ovos. Noutro, engade a fariña de améndoa restante. No terceiro, engade o panko. Forra unha bandexa de forno con papel manteiga.

Bota unha culler de sopa de masa preparada en frío na mestura de fariña e rola para cubrir. Sacude o exceso e, coas mans, enróllase en forma ovalada.

Molla a croqueta no ovo batido, despois cubre lixeiramente con panko. Coloque nunha tixola forrada e repita coa masa restante.

Nunha pota pequena, quenta as 1 ou 2 cuncas restantes de aceite de oliva a lume medio-alto.

Unha vez quente o aceite, fritimos as croquetas de 3 ou 4 de cada vez, segundo o tamaño da túa tixola, retirándoas cunha espumadera cando estean douradas. Terás que axustar a temperatura do aceite de cando en vez para evitar que se queime. Se as croquetas se escurecen moi rapidamente, baixa a temperatura.

Nutrición (por 100 g): 245 Calorías 22 g Grasa 1 g Carbohidratos 6 g Proteína 801 mg Sodio

Crudités de salmón afumado

Tempo de preparación: 10 minutos.

Tempo de cociñar: 15 minutos

Porcións: 4

Nivel de dificultade: fácil

Ingredientes:

- 6 onzas de salmón salvaxe afumado
- 2 culleradas de alioli de allo asado
- 1 cucharada de mostaza de Dijon
- 1 cucharada de cebollino picado, só partes verdes
- 2 culleres de té de alcaparras picadas
- ½ cucharadita de eneldo seco
- 4 lanzas de escarola ou corazóns de leituga romana
- ½ pepino inglés, cortado en rodajas de ¼ de polgada de grosor

Enderezos:

Cortar o salmón afumado en anacos grandes e transferir a unha cunca pequena. Engade o alioli, Dijon, ceboliño, alcaparras e endro e mestura ben. Cubra os talos de endivia e as rodajas de pepino cunha culler de sopa da mestura de salmón afumado e desfrute arrefriado.

Nutrición (por 100 g): 92 Calorías 5 g Grasa 1 g Carbohidratos 9 g Proteína 714 mg Sodio

Aceitunas Marinadas Cítricas

Tempo de preparación: 4 horas.

Tempo de cociñar: 0 minutos

Porcións: 2

Nivel de dificultade: fácil

Ingredientes:

- 2 cuncas de aceitunas verdes mesturadas sen hueso
- ¼ cunca de vinagre de viño tinto
- ¼ cunca de aceite de oliva virxe extra
- 4 dentes de allo finamente picados
- Ralladura e zume de 1 laranxa grande
- 1 cucharadita de flocos de pemento vermello
- 2 follas de loureiro
- ½ cucharadita de comiño moído
- ½ cucharadita de pementa moída

Enderezos:

Engade as olivas, o vinagre, o aceite, o allo, a reladura e o zume de laranxa, os flocos de pemento vermello, o loureiro, o comiño e a pementa de Jamaica e mestura ben. Sela e enfría durante 4 horas ou ata unha semana para que as olivas se adoben, mexendo de novo antes de servir.

Nutrición (por 100 g): 133 Calorías 14 g Grasa 2 g Carbohidratos 1 g Proteína 714 mg Sodio

Tapenade de olivas con anchoas

Tempo de preparación: 1 hora e 10 minutos
Tempo de cociñar: 0 minutos
Porcións: 2
Nivel de dificultade: medio

Ingredientes:

- 2 cuncas de aceitunas Kalamata sen hueso ou outras aceitunas negras
- 2 filetes de anchoa picados
- 2 culleres de té de alcaparras picadas
- 1 dente de allo finamente picado
- 1 xema de ovo cocido
- 1 cucharadita de mostaza de Dijon
- ¼ cunca de aceite de oliva virxe extra
- Galletas de sementes, lanches redondos versátiles ou vexetais, para servir (opcional)

Enderezos:

Enxágüe as olivas en auga fría e escúrrelas ben. Nun procesador de alimentos, licuadora ou unha xerra grande (se usa unha batidora de inmersión) coloque as olivas escorregadas, as anchoas, as alcaparras, o allo, a xema de ovo e Dijon. Proceso para formar unha pasta espesa. A medida que corres, engade pouco a pouco o aceite de oliva.

Poñer nunha cunca pequena, tapar e refrixerar polo menos 1 hora para que se desenvolvan os sabores. Servir con galletas con sementes, encima dun bocadillo redondo versátil ou coas túas verduras crocantes favoritas.

Nutrición (por 100 g): 179 Calorías 19 g Grasa 2 g Carbohidratos 2 g Proteína 82 mg Sodio

Ovos de Diablo grego

Tempo de preparación: 45 minutos.

Tempo de cociñar: 15 minutos

Porcións: 4

Nivel de dificultade: fácil

Ingredientes:

- 4 ovos duros grandes
- 2 culleradas de alioli de allo asado
- ½ cunca de queixo feta finamente desmenuzado
- 8 aceitunas Kalamata sen hueso, finamente picadas
- 2 culleres de sopa de tomates secos picados
- 1 cucharada de cebola vermella picada
- ½ cucharadita de eneldo seco
- ¼ cucharadita de pementa negra recén moída

Enderezos:

Cortar os ovos duros pola metade lonxitudinalmente, eliminar as xemas e poñer as xemas nunha cunca mediana. Reserva as metades de clara de ovo e reserva. Triturar ben as xemas cun garfo. Engade o alioli, o feta, as olivas, os tomates secos, a cebola, o endro e o pemento e mestura ata que estea homoxéneo e cremoso.

Despeje o recheo en cada metade de clara de ovo e enfríe durante 30 minutos, ou ata 24 horas, cuberto.

Nutrición (por 100 g): 147 Calorías 11 g Grasa 6 g Carbohidratos 9 g Proteína 736 mg Sodio

Galletas manchegas

Tempo de preparación: 1 hora e 15 minutos
Tempo de cociñar: 15 minutos
Porcións: 20
Nivel de dificultade: Difícil

Ingredientes:

- 4 culleradas de manteiga, a temperatura ambiente
- 1 cunca de queixo manchego finamente relado
- 1 cunca de fariña de améndoa
- 1 cucharadita de sal, dividida
- ¼ cucharadita de pementa negra recén moída
- 1 ovo grande

Enderezos:

Cunha batedora eléctrica, bate a manteiga e o queixo relado ata que estean ben combinados e suaves. Engade a fariña de améndoa con media cucharadita de sal e pementa. Engade pouco a pouco a mestura de fariña de améndoa ao queixo, mesturando constantemente ata que a masa se xunte para formar unha bola.

Coloque un anaco de papel pergamino ou envoltura de plástico e rolo nun tronco cilíndrico duns 1½ polgadas de espesor. Sela ben e despois conxela durante polo menos 1 hora. Prequenta o forno a 350 ° F. Coloca papel pergamino ou alfombras de silicona para hornear en 2 follas de forno.

Para facer o ovo batido, bata o ovo e a media cucharadita de sal restante. Cortar a masa refrixerada en anacos pequenas, duns ¼ de polgada de espesor, e colócaa nunha placa de forno forrada.

Ovo lave a parte superior das galletas e asar ata que estean douradas e crocantes. Coloque nunha reixa para arrefriar.

Servir quente ou, unha vez que estea completamente arrefriado, gárdao nun recipiente hermético na neveira ata 1 semana.

Nutrición (por 100 g): 243 Calorías 23 g Grasa 1 g Carbohidratos 8 g Proteína 804 mg Sodio

Burrata Caprese Stack

Tempo de preparación: 5 minutos.

Tempo de cociñar: 0 minutos

Porcións: 4

Nivel de dificultade: fácil

Ingredientes:

- 1 tomate ecolóxico grande, preferiblemente herdanza
- ½ cucharadita de sal
- ¼ cucharadita de pementa negra recén moída
- 1 bola (4 onzas) de queixo burrata
- 8 follas de albahaca fresca, cortadas en rodajas finas
- 2 culleradas de aceite de oliva virxe extra
- 1 cucharada de viño tinto ou vinagre balsámico

Enderezos:

Cortar o tomate en 4 rodajas grosas, retirar o centro do centro duro e espolvorear con sal e pementa. Dispoñemos os tomates, co lado temperado cara arriba, nun prato. Nun prato separado, corte a burrata en 4 rodajas grosas e coloque unha por riba de cada rodaja de tomate. Cubra cada un cun cuarto da albahaca e bótase encima a crema de burrata reservada do prato con borde.

Regar con aceite de oliva e vinagre e servir cun garfo e coitelo.

Nutrición (por 100 g): 153 Calorías 13 g Grasa 1 g Carbohidratos 7 g Proteína 633 mg Sodio

Buñuelos de calabacín e ricotta con alioli de limón e allo

Tempo de preparación: 10 minutos, máis 20 minutos de descanso

Tempo de cociñar: 25 minutos

Porcións: 4

Nivel de dificultade: Difícil

Ingredientes:

- 1 calabacín grande ou 2 pequenos/medianos
- 1 cucharadita de sal, dividida
- ½ cunca de queixo ricotta con leite enteiro
- 2 cebolas de primavera
- 1 ovo grande
- 2 dentes de allo finamente picados
- 2 culleradas de menta fresca picada (opcional)
- 2 culleres de té de ralladura de limón
- ¼ cucharadita de pementa negra recén moída
- ½ cunca de fariña de améndoa
- 1 cucharadita de fermento en po
- 8 culleradas de aceite de oliva virxe extra
- 8 culleradas de alioli de allo asado ou maionesa de aceite de aguacate

Enderezos:

Coloque o calabacín relado nun colador ou sobre varias capas de toallas de papel. Espolvoreo con media cucharadita de sal e deixe reposar durante 10 minutos. Usando outra capa de toalla de papel, preme o calabacín para liberar o exceso de humidade e seca. Engade o calabacín escurrido, a ricota, o ceboliño, o ovo, o allo, a menta (se se usa), a reladura de limón, a media cucharadita de sal restante e a pementa.

Bater a fariña de améndoa e o fermento en po. Dobre a mestura de fariña na mestura de calabacín e déixaa repousar durante 10 minutos. Nunha tixola grande, traballando en catro tandas, frite os buñuelos. Para cada lote de catro, quenta 2 culleradas de aceite de oliva a lume medio-alto. Engade 1 cucharada colmada de masa de calabacín por buñuelo, premendo co dorso dunha culler para formar buñuelos de 2 a 3 polgadas. Cubra e deixe fritir 2 minutos antes de darlle a volta. Fritir outros 2 ou 3 minutos, cuberto ou ata que estean crocantes, dourados e cocidos. Quizais necesites reducir o lume a medio para evitar queimar. Retirar da pota e manter quente.

Repita para os tres lotes restantes, usando 2 culleradas de aceite de oliva para cada lote. Servir os buñuelos quentes con alioli.

Nutrición (por 100 g): 448 Calorías 42 g Grasa 2 g Carbohidratos 8 g Proteína 744 mg Sodio

Pepinos recheos de salmón

Tempo de preparación: 10 minutos.

Tempo de cociñar: 0 minutos

Porcións: 4

Nivel de dificultade: fácil

Ingredientes:

- 2 pepinos grandes, pelados
- 1 lata (4 onzas) de salmón sockeye
- 1 aguacate mediano moi maduro
- 1 cullerada de aceite de oliva virxe extra
- Ralladura e zume de 1 lima
- 3 culleradas de cilantro fresco picado
- ½ cucharadita de sal
- ¼ cucharadita de pementa negra recén moída

Enderezos:

Cortar o pepino en cuñas de 1 polgada de espesor e, usando unha culler, raspe as sementes do centro de cada segmento e colócaas nun prato. Nunha tigela mediana, mestura o salmón, o aguacate, o aceite de oliva, a reladura e o zume de lima, o cilantro, o sal e a pementa e mestura ata que estea cremoso.

Coloca a mestura de salmón no centro de cada segmento de pepino e serve frío.

Nutrición (por 100 g): 159 Calorías 11 g Grasa 3 g Carbohidratos 9 g Proteína 739 mg Sodio

Paté de queixo de cabra e cabala

Tempo de preparación: 10 minutos.

Tempo de cociñar: 0 minutos

Porcións: 4

Nivel de dificultade: fácil

Ingredientes:

- 4 onzas de xurelo silvestre envasado en aceite de oliva
- 2 onzas de queixo de cabra
- Ralladura e zume de 1 limón
- 2 culleradas de perexil fresco picado
- 2 culleres de sopa de rúcula fresca picada
- 1 cullerada de aceite de oliva virxe extra
- 2 culleres de té de alcaparras picadas
- 1 a 2 culleres de té de rábano picante fresco (opcional)
- Galletas, rodajas de pepino, escarola ou apio, para servir (opcional)

Enderezos:

Nun procesador de alimentos, licuadora ou cunca grande cunha batidora de inmersión, combine a cabala, o queixo de cabra, a reladura e o zume de limón, o perexil, a rúcula, o aceite de oliva, as alcaparras e o rábano picante (se o usas). Procesa ou mestura ata que estea suave e cremoso.

Servir con galletas, rodajas de pepino, escarola ou apio. Sela cuberta na neveira ata 1 semana.

Nutrición (por 100 g): 118 Calorías 8 g Grasa 6 g Carbohidratos 9 g Proteína 639 mg Sodio

Sabor a bombas de graxa mediterráneas

Tempo de preparación: 4 horas e 15 minutos

Tempo de cociñar: 0 minutos

Porcións: 6

Nivel de dificultade: medio

Ingredientes:

- 1 cunca de queixo de cabra desmenuzado
- 4 culleradas de pesto en frasco
- 12 aceitunas Kalamata deshuesadas, finamente picadas
- ½ cunca de noces finamente picadas
- 1 cucharada de romeu fresco picado

Enderezos:

Nunha tigela mediana, bata o queixo de cabra, o pesto e as olivas e mestura ben cun garfo. Conxelar durante 4 horas para endurecer.

Usando as mans, rola a mestura en 6 bolas, duns ¾ de polgada de diámetro. A mestura será pegajosa.

Nunha cunca pequena, coloque as noces e o romeu e enrolle as bolas de queixo de cabra na mestura de noces para cubrir. Almacena as bombas de graxa na neveira ata 1 semana ou no conxelador ata 1 mes.

Nutrición (por 100 g): 166 Calorías 15 g Grasa 1 g Carbohidratos 5 g Proteína 736 mg Sodio

Gazpacho de aguacate

Tempo de preparación: 15 minutos.

Tempo de cociñar: 10 minutos

Porcións: 4

Nivel de dificultade: fácil

Ingredientes:

- 2 cuncas de tomates picados
- 2 aguacates maduros grandes, cortados á metade e sen hueso
- 1 pepino grande, pelado e sen sementes
- 1 pemento medio (vermello, laranxa ou amarelo), picado
- 1 cunca de iogur grego de leite enteiro
- ¼ cunca de aceite de oliva virxe extra
- ¼ cunca de cilantro fresco picado
- ¼ cunca de cebola picada, só a parte verde
- 2 culleradas de vinagre de viño tinto
- Zume de 2 limas ou 1 limón
- ½ a 1 cucharadita de sal
- ¼ cucharadita de pementa negra recén moída

Enderezos:

Usando unha batidora de inmersión, combine os tomates, os aguacates, o pepino, o pemento morrón, o iogur, o aceite de oliva, o cilantro, os cebollinos, o vinagre e o zume de lima. Mestura ata que quede suave.

Sazonar e mesturar para combinar os sabores. Servir frío.

Nutrición (por 100 g): 392 Calorías 32 g Grasa 9 g Carbohidratos 6 g Proteína 694 mg Sodio

Cuncas de leituga de torta de cangrexo

Tempo de preparación: 35 minutos.

Tempo de cociñar: 20 minutos

Porcións: 4

Nivel de dificultade: medio

Ingredientes:

- 1 libra de cangrexo xigante
- 1 ovo grande
- 6 culleradas de alioli de allo asado
- 2 culleres de sopa de mostaza de Dijon
- ½ cunca de fariña de améndoa
- ¼ cunca de cebola vermella picada
- 2 culleres de té de pimentón afumado
- 1 cucharadita de sal de apio
- 1 cucharadita de allo en po
- 1 cucharadita de eneldo seco (opcional)
- ½ cucharadita de pementa negra recén moída
- ¼ cunca de aceite de oliva virxe extra
- 4 follas grandes de leituga Bibb, eliminadas as espiñas grosas

Enderezos:

Coloque a carne de cangrexo nunha cunca grande e saque as cunchas visibles, despois rompe a carne cun garfo. Nunha cunca pequena, mestura o ovo, 2 culleradas de sopa de alioli e a mostaza de Dijon. Engadir á carne de cangrexo e mesturar cun garfo.

Engade a fariña de améndoa, a cebola vermella, o pementón, o sal de apio, o allo en po, o eneldo (se se usa) e a pementa e mestura ben. Deixar repousar a temperatura ambiente durante 10 a 15 minutos.

Forma 8 bolos pequenos, duns 2 polgadas de diámetro. Cociña o aceite de oliva a lume medio-alto. Fritir os bolos ata que estean dourados, de 2 a 3 minutos por lado. Envolver, reducir o lume a baixo e cociñar por outros 6 a 8 minutos ou ata que estea no centro. Retirar da pota.

Para servir, envolve 2 bolos pequenos de cangrexo en cada folla de leituga e cubra con 1 cucharada de alioli.

Nutrición (por 100 g): 344 Calorías 24 g Grasa 2 g Carbohidratos 24 g Proteína 804 mg Sodio

Wrap de ensalada de polo e laranxa de estragón

Tempo de preparación: 15 minutos.
Tempo de cociñar: 0 minutos
Porcións: 4
Nivel de dificultade: fácil

Ingredientes:

- ½ cunca de iogur grego de leite enteiro
- 2 culleres de sopa de mostaza de Dijon
- 2 culleradas de aceite de oliva virxe extra
- 2 culleradas de estragón fresco
- ½ cucharadita de sal
- ¼ cucharadita de pementa negra recén moída
- 2 cuncas de polo desmenuzado cocido
- ½ cunca de améndoas picadas
- De 4 a 8 follas grandes de leituga Bibb, eliminado o talo duro
- 2 aguacates maduros pequenos, pelados e cortados en rodajas finas
- Ralladura de 1 clementina ou ½ laranxa pequena (aproximadamente 1 cucharada)

Enderezos:

Nunha tigela mediana, combine o iogur, a mostaza, o aceite de oliva, o estragón, a reladura de laranxa, o sal e a pementa e bata ata que estea cremosa. Engade o polo ralado e as améndoas e bótao para cubrir.

Para montar os wraps, coloque aproximadamente media cunca da mestura de ensalada de polo no centro de cada folla de leituga e cubra con rodajas de aguacate.

Nutrición (por 100 g): Calorías: 440 Carbohidratos: 32 g Grasa: 8 g Proteína: 607 g Sodio: 26 g

Cogomelos recheos de queixo feta e quinoa

Tempo de preparación: 5 minutos.
Tempo de cociñar: 8 minutos
Porcións: 6
Nivel de dificultade: medio

Ingredientes:

- 2 culleradas de pemento vermello finamente picado
- 1 dente de allo picado
- ¼ cunca de quinoa cocida
- 1/8 cucharadita de sal
- ¼ de cucharadita de orégano seco
- 24 cogomelos, de tallo
- 2 onzas de queixo feta desmenuzado
- 3 culleradas de pan relado de trigo integral
- spray de aceite de oliva para cociñar

Enderezos:

Prequenta a fritidora a 360 ° F. Nunha tigela pequena, mestura o pemento morrón, o allo, a quinoa, o sal e o ourego. Despeje o recheo de quinoa nas tapas dos cogomelos ata que se enche. Engade un pequeno anaco de feta na parte superior de cada cogomelo. Espolvoreo un chisco de pan relado sobre a feta en cada cogomelo.

Forra a cesta da freidora con spray de cociña e, a continuación, coloque suavemente os cogomelos na cesta, asegurándose de que non se toquen.

Coloque a cesta na freidora de aire e hornee durante 8 minutos. Retirar da freidora e servir.

Nutrición (por 100 g): 97 Calorías 4 g Grasa 11 g Carbohidratos 7 g Proteína 677 mg Sodio

Falafel de cinco ingredientes con salsa de allo e iogur

Tempo de preparación: 5 minutos.
Tempo de cociñar: 15 minutos
Porcións: 4
Nivel de dificultade: Difícil

Ingredientes:

- <u>Para o falafel</u>
- 1 lata (15 onzas) de garavanzos, escurridos e lavados
- ½ cunca de perexil fresco
- 2 dentes de allo picados
- ½ cucharada de comiño moído
- 1 cucharada de fariña de trigo integral
- Sal
- <u>Para a salsa de allo e iogur</u>
- 1 cunca de iogur grego natural sen graxa
- 1 dente de allo picado
- 1 cucharada de eneldo fresco picado
- 2 culleradas de zume de limón

Enderezos:

Para facer o falafel

Prequenta a fritidora a 360 ° F. Pon os garavanzos nun procesador de alimentos. Pulsa ata case picado, despois engade o perexil, o allo e o comiño e pulsa durante uns minutos máis, ata que os ingredientes sexan unha masa.

Engadir a fariña. Pulsa varias veces máis ata que se combine. A masa terá textura, pero os garavanzos deben ser triturados en anacos pequenos. Coas mans limpas, enrola a masa en 8 bolas do mesmo tamaño, despois toca lixeiramente as bolas para formar discos de medio grosor.

Forra a cesta da freidora de aire con spray de cociña e, a continuación, coloque as empanadas de falafel na cesta nunha soa capa, asegurándose de que non se toquen. Fritir na fritidora durante 15 minutos.

Para facer a salsa de allo e iogur

Mestura o iogur, o allo, o endro e o zume de limón. Unha vez que o falafel estea listo para cociñar e ben dourado por todos os lados, retírase da freidora e sazone con sal. Servir o lado quente da salsa para mergullar.

Nutrición (por 100 g): 151 Calorías 2 g Grasa 10 g Carbohidratos 12 g Proteína 698 mg Sodio

Camarones ao limón con aceite de oliva ao allo

Tempo de preparación: 5 minutos
Tempo de cociñar: 6 minutos
Porcións: 4
Nivel de dificultade: medio

Ingredientes:

- 1 libra de camaróns medianos, limpos e desvenados
- ¼ cunca máis 2 culleradas de aceite de oliva, dividido
- Zume de medio limón
- 3 dentes de allo picados e divididos
- ½ cucharadita de sal
- ¼ cucharadita de flocos de pemento vermello
- Rodas de limón, para servir (opcional)
- Salsa marinara, para mollar (opcional)

Enderezos:

Prequenta a fritidora a 380 ° F. Engade camaróns con 2 culleradas de aceite de oliva, zume de limón, 1/3 de allo picado, sal e escamas de pementa vermella e cubra ben.

Nunha tixola pequena, combine o resto de ¼ de cunca de aceite de oliva e o allo picado restante. Arranca unha folla de aluminio de 30 x 30 cm (12 x 12 polgadas). Dispoña os camaróns no centro da folla, despois dobra os lados cara arriba e enrosca os bordos para que formen unha cunca de folla que estea aberta na parte superior. Coloque este paquete na cesta da freidora.

Asar os camaróns durante 4 minutos, despois abrir a fritidora e colocar o molde con aceite e allo na cesta xunto ao paquete de camaróns. Cociña durante 2 minutos máis. Transfira os camaróns a un prato ou prato de servir coa cacerola de aceite de oliva ao lado para mergullar. Tamén podes servir con rodajas de limón e salsa marinara, se queres.

Nutrición (por 100 g): 264 Calorías 21 g Grasa 10 g Carbohidratos 16 g Proteína 473 mg Sodio

Patacas fritas de feixón verde crocante con salsa de iogur de limón

Tempo de preparación: 5 minutos.

Tempo de cociñar: 5 minutos

Porcións: 4

Nivel de dificultade: medio

Ingredientes:

- <u>Para as xudías verdes</u>
- 1 ovo
- 2 culleradas de auga
- 1 cucharada de fariña de trigo integral
- ¼ de cucharadita de pementón
- ½ cucharadita de allo en po
- ½ cucharadita de sal
- ¼ cunca de pan relado de trigo integral
- ½ libra de xudías verdes enteiras
- <u>Para a salsa de limón e iogur</u>
- ½ cunca de iogur grego natural sen graxa
- 1 cucharada de zume de limón
- ¼ cucharadita de sal
- 1/8 cucharadita de pementa de caiena

Enderezo:

Para facer as xudías verdes

Prequentar a freidora a 380 °F.

Nunha tigela media pouco profunda, combine o ovo e a auga ata que forme escuma. Noutro recipiente medio e pouco profundo, mestura a fariña, o pementón, o allo en po e o sal, despois mestura o pan relado.

Cubra o fondo da freidora con spray de cociña. Mergullo cada feixón verde na mestura de ovos, despois na mestura de pan relado, cubrindo o exterior coas migallas. Dispoña as xudías verdes nunha soa capa no fondo da cesta da freidora.

Fritir na fritidora durante 5 minutos ou ata que o pan estea dourado.

Para facer a salsa de limón e iogur

Mestura o iogur, o zume de limón, o sal e a pementa de caiena. Sirva as patacas fritas con xudías verdes xunto coa salsa de iogur de limón como merenda ou aperitivo.

Nutrición (por 100 g): Calorías: 88 Carbohidratos: 2 g Grasa: 10 g Proteína: 697 mg Sodio: 7 g

Chips de pita de sal do mar caseiros

Tempo de preparación: 2 minutos.

Tempo de cociñar: 8 minutos

Porcións: 2

Nivel de dificultade: fácil

Ingredientes:

- 2 pitas de trigo integral
- 1 cucharada de aceite de oliva
- ½ cucharadita de sal kosher

Enderezos

Prequentar a fritidora a 360 ° F. Cortar cada pita en 8 anacos. Nunha tigela mediana, mestura as cuñas de pita, o aceite de oliva e o sal ata que estean cubertas e o aceite de oliva e o sal se distribúan uniformemente.

Dispoña as rodajas de pita na cesta da freidora de aire nunha capa uniforme e frite durante 6 a 8 minutos.

Sazonar con sal adicional, se o desexa. Servir só ou coa súa salsa favorita.

Nutrición (por 100 g): 230 Calorías 8 g Grasa 11 g Carbohidratos 6 g Proteína 810 mg Sodio

Dip de Spanakopita ao forno

Tempo de preparación: 10 minutos.

Tempo de cociñar: 15 minutos

Porcións: 2

Nivel de dificultade: medio

Ingredientes:

- spray de aceite de oliva para cociñar
- 3 culleradas de aceite de oliva, divididas
- 2 culleradas de cebola branca picada
- 2 dentes de allo picados
- 4 cuncas de espinaca fresca
- 4 onzas de queixo crema, suavizado
- 4 onzas de queixo feta, dividido
- ralladura de 1 limón
- ¼ de cucharadita de noz moscada moída
- 1 cucharadita de eneldo seco
- ½ cucharadita de sal
- Patacas fritas de pita, varas de cenoria ou pan en rodajas para servir (opcional)

Enderezos:

Prequenta a fritidora a 360 ° F. Cubre o interior dunha fonte de forno de 6 polgadas con spray de cociña antiadherente.

Nunha tixola grande a lume medio, quenta 1 cucharada de aceite de oliva. Engade a cebola, despois cociña por 1 minuto. Engade o allo e cociña, mexendo, durante 1 minuto máis.

Baixa o lume e mestura as espinacas e a auga. Cociña ata que as espinacas se amolezan. Retire a tixola do lume. Nunha tigela mediana, mestura o queixo crema, 2 onzas de feta e o resto do aceite de oliva, a reladura de limón, a noz moscada, o endro e o sal. Mestura ata combinar.

Engade as verduras á base de queixo e mestura ata que estea combinada. Despeje a mestura de salsa na tixola preparada e cubra coas 2 onzas restantes de feta.

Coloque a salsa na cesta da freidora e cociña durante 10 minutos, ou ata que estea quente e burbulla. Servir con patacas fritas de pita, varas de cenoria ou pan en rodajas.

Nutrición (por 100 g): 550 Calorías 52 g Grasa 21 g Carbohidratos 14 g Proteína 723 mg Sodio

Dip de cebola perla asada

Tempo de preparación: 5 minutos.

Tempo de cociñar: 12 minutos máis 1 hora para arrefriar

Porcións: 4

Nivel de dificultade: medio

Ingredientes:

- 2 cuncas de cebola perla pelada
- 3 dentes de allo
- 3 culleradas de aceite de oliva, divididas
- ½ cucharadita de sal
- 1 cunca de iogur grego natural sen graxa
- 1 cucharada de zume de limón
- ¼ cucharadita de pementa negra
- 1/8 cucharadita de flocos de pemento vermello
- Chips de pita, verduras ou tostadas para servir (opcional)

Enderezos:

Prequenta a fritidora a 360 ° F. Nunha tigela grande, combine as cebolas perlas e o allo con 2 culleradas de aceite de oliva ata que as cebolas estean ben cubertas.

Despeje a mestura de allo e cebola na cesta da freidora e grella durante 12 minutos. Coloque o allo e a cebola nun procesador de alimentos. Pulsa as verduras unhas cantas veces, ata que as cebolas estean picadas pero aínda teñan uns anacos.

Engade o allo e a cebola e a culler de sopa restante de aceite de oliva, xunto co sal, o iogur, o zume de limón, a pementa negra e os flocos de pemento vermello. Arrefriar durante 1 hora antes de servir con patacas fritas de pita, verduras ou tostadas.

Nutrición (por 100 g): 150 Calorías 10 g Grasa 6 g Carbohidratos 7 g Proteína 693 mg Sodio

tapenade de pementa vermella

Tempo de preparación: 5 minutos.

Tempo de cociñar: 5 minutos

Porcións: 4

Nivel de dificultade: medio

Ingredientes:

- 1 pemento vermello grande
- 2 culleres de sopa máis 1 cucharadita de aceite de oliva
- ½ cunca de aceitunas Kalamata, picadas e picadas
- 1 dente de allo picado
- ½ cucharadita de orégano seco
- 1 cucharada de zume de limón

Enderezos:

Prequenta a freidora de aire a 380 ° F. Pincela o exterior dun pemento vermello enteiro con 1 cucharadita de aceite de oliva e colócao dentro da cesta da freidora de aire. Grella durante 5 minutos. Mentres tanto, nunha cunca mediana, mestura as 2 culleradas de aceite de oliva restantes coas olivas, o allo, o ourego e o zume de limón.

Elimina o pemento vermello da fritidora, despois corta suavemente o talo e elimina as sementes. Picar o pemento asado en anacos pequenos.

Engade o pemento vermello á mestura de oliva e mestura todo ata que estea combinado. Servir con patacas fritas de pita, galletas ou pan crujiente.

Nutrición (por 100 g): 104 Calorías 10 g Grasa 9 g Carbohidratos 1 g Proteína 644 mg Sodio

Pel de pataca grega con olivas e queixo feta

Tempo de preparación: 5 minutos.
Tempo de cociñar: 45 minutos
Porcións: 4
Nivel de dificultade: Difícil

Ingredientes:

- 2 patacas avermelladas
- 3 culleradas de aceite de oliva
- 1 cucharadita de sal kosher, dividida
- ¼ cucharadita de pementa negra
- 2 culleradas de cilantro fresco
- ¼ cunca de aceitunas Kalamata, cortadas en dados
- ¼ cunca de queixo feta esmigado
- Perexil fresco picado, para decorar (opcional)

Enderezos:

Prequenta a fritidora a 380 ° F. Usando un garfo, fai de 2 a 3 buratos nas patacas e, a continuación, cúbreas con aproximadamente media cucharada de aceite de oliva e media cucharadita de sal.

Coloque as patacas na cesta da freidora de aire e coce durante 30 minutos. Retirar as patacas da fritidora e cortalas pola metade.

Raspe a carne das patacas cunha culler, deixando unha capa de ½ polgada de pataca dentro da pel e reserva.

Nunha tigela mediana, combine as metades da pataca coas 2 culleradas de aceite de oliva restantes, ½ cucharadita de sal, pementa negra e cilantro. Mestura ata que estea ben combinado. Divide o recheo de pataca nas peles de patacas agora baleiras, distribuíndoa uniformemente sobre elas. Cubra cada pataca cunha culler de sopa de olivas e queixo feta.

Coloque as peles de patacas cargadas de novo na freidora de aire e asar durante 15 minutos. Servir con cilantro ou perexil picado adicional e un chorriño de aceite de oliva, se o desexa.

Nutrición (por 100 g): Calorías: 270 Carbohidratos: 13 g Grasa: 34 g Proteína: 672 g Sodio

Pan plano de pita de alcachofa e oliva

Tempo de preparación: 5 minutos.

Tempo de cociñar: 10 minutos

Porcións: 4

Nivel de dificultade: fácil

Ingredientes:

- 2 pitas de trigo integral
- 2 culleradas de aceite de oliva, divididas
- 2 dentes de allo picados
- ¼ cucharadita de sal
- ½ cunca de corazóns de alcachofa enlatados, cortados en rodajas
- ¼ cunca de aceitunas Kalamata
- ¼ cunca de queixo parmesano relado
- ¼ cunca de queixo feta esmigado
- Perexil fresco picado, para decorar (opcional)

Enderezos:

Prequenta a fritidora a 380 ° F. Pincela cada pita con 1 cucharada de aceite de oliva, despois espolvorea allo picado e sal por riba.

Distribuír os corazóns de alcachofa, as aceitunas e os queixos uniformemente entre as dúas pitas e coloque ambos na fritidora para que se cocen durante 10 minutos. Retire as pitas e corte en 4 pezas cada unha antes de servir. Espolvoreo perexil por riba, se o desexa.

Nutrición (por 100 g): 243 Calorías 15 g Grasa 10 g Carbohidratos 7 g Proteína 644 mg Sodio

www.ingramcontent.com/pod-product-compliance
Lightning Source LLC
Chambersburg PA
CBHW070422120526
44590CB00014B/1497